清洁能源背景下的电能用户管理体系创新

王莉芳　曹敏　彭周　朱琳　曹伟　著

机械工业出版社

本书基于电力行业中清洁能源发展的背景，梳理归纳了清洁能源与电能用户管理领域的相关文献，结合电力行业清洁能源转型的实践，从六个方面展开了研究：一是对电力行业清洁能源用户采暖改造实际进行分析，从宏观环境、微观环境与发展现状分析中明确清洁能源背景下电能用户管理创新框架；二是开展清洁能源采暖用户实地调研；三是采用因子分析法进行电能用户管理影响因素的提取；四是构建清洁能源用户细分模型；五是采用多元回归模型预测分析清洁能源用户对电力公司预期发展情况的影响；六是提出提升电力公司清洁能源用户管理效果的配套措施和建议。

　　本书可作为管理科学与工程、工程管理及相关管理专业的博士生和硕士生，以及从事相关研究的专业人员进行理论研究的参考书，同时对从事电能用户管理与电力行业能源结构转型的工作人员也具有一定的指导作用。

图书在版编目（CIP）数据

清洁能源背景下的电能用户管理体系创新/王莉芳等著. —北京：机械工业出版社，2021. 12（2023. 9 重印）
ISBN 978-7-111-69239-3

Ⅰ.①清…　Ⅱ.①王…　Ⅲ.①电力工业－工业企业管理－研究－中国　Ⅳ.①F426.61

中国版本图书馆 CIP 数据核字（2021）第 200064 号

机械工业出版社（北京市百万庄大街 22 号　邮政编码 100037）
策划编辑：吕　潇　责任编辑：吕　潇
责任校对：王　欣　封面设计：马精明
责任印制：李　昂
北京中科印刷有限公司印刷
2023 年 9 月第 1 版第 2 次印刷
148mm×210mm · 7.75 印张 · 165 千字
标准书号：ISBN 978-7-111-69239-3
定价：59.00 元

电话服务　　　　　　　　　　　网络服务
客服电话：010-88361066　　　机 工 官 网：www.cmpbook.com
　　　　　010-88379833　　　机 工 官 博：weibo.com/cmp1952
　　　　　010-68326294　　　金 书 网：www.golden-book.com
封底无防伪标均为盗版　　机工教育服务网：www.cmpedu.com

前　言

　　电力行业作为国民经济的支柱产业，保障着全社会的用电需求，服务着全社会的电能用户，与国民经济的发展息息相关。随着能源革命与能源供给侧结构性改革的不断发展，电力市场的发展日益侧重于清洁能源的应用与推广。同时，伴随着清洁能源的发展，有关清洁能源背景下的电力企业管理转型、用户管理模式创新、供给侧绿色生产、需求侧清洁采暖以及全行业清洁化转型等相关问题已成为学术界与企业界的研究热点。

　　电力行业从改革开放以来经历了四十余年的发展，已形成规模庞大、用户众多的基础性产业。在传统化石能源的驱动下，电力公司已构建了一套完善的用户管理体系，并在市场应用中得到了有效的验证。然而随着人民对于生态环境的关注不断增高，政府与国际社会对于环境保护问题的愈加重视，以及清洁能源技术的日趋完善，传统的化石能源在行业发展中的弊端逐渐凸显。为响应各方的需求，电力行业随之开展了能源结构转型工作。为实现电力行业能源转型，电力公司在供给侧开展电源结构调整，提高风能、太阳能与地热能等清洁能源发电的占比；在需求侧开展电能替代、清洁能源采暖改造等工作。清洁能源采暖改造的核心在于用户采暖方式的改造，例如将传统的燃煤采暖设备转换为电采暖设备或新型采暖设备。采暖方式的变化使得用户的用电场景发生变化,电能用户的用电习惯也随之产生变化,用户管理模式需要适应这样的变化。研究电能用户管理创新既顺应了电力市场中清洁能源的发展趋势,也能为电力公司面对电能用户管理在新的市场下的发展提供研究基础,同时伴随着电力体制改革的深入与售电市场的逐步放开,研究电能用户管理创新对电力公司在竞争日益激烈的售电市场进行管理决策具有一定的参考价值。

本书的主要研究内容如下:

1)研究陕西省 A 电力公司清洁能源用户管理的宏观环境与微观环境。分析研究目前国家与行业的相关政策,明确电力行业的发展趋势,提出进行电能用户管理创新的必要性,并确定电能用户管理创新的框架。

2)选择陕西省清洁能源采暖用户为研究样本展开实地调研。分析清洁能源采暖用户管理情况,收集清洁能源采暖用户管理相关信息,分析用户运行投资成本,提出 A 电力公司目前在电能用户管理中存在的问题。

3)分析 A 电力公司清洁能源采暖用户管理影响因素。采用因子分析法进行提取与初步分析,根据用户数据情况对清洁能源用户采暖改造后用电量增长的影响因素进行因子分析,识别各影响因子对清洁能源采暖用户的影响程度。

4)构建清洁能源采暖用户细分模型。采用结合肘部法则与轮廓系数法的 K – means 算法进行聚类,运用定性与定量分析相结合的方法对 A 电力公司进行细分模型的实例验证,给出细分结果并对细分结果进行说明。

5）采用多元线性回归模型预测 A 电力公司清洁能源采暖用户对电力公司运行的预期影响。根据影响因素分析与调研数据，针对清洁能源用户采暖改造后的用电量情况进行预测，并对 A 电力公司的预期发展情况进行预测。

6）提出提升 A 电力公司清洁能源用户管理效果的配套措施和建议。基于用户调研情况、公司运行环境情况、影响因素分析、用户细分情况与预期情况预测，提出各方面建议。

本书从清洁能源用户出发，通过用户调研分析、用户管理影响因素提取、清洁能源用户细分、用电趋势预测与配套措施五部分构建了电能用户管理创新的研究内容，并从电能用户管理现状出发，结合行业发展情况，对电力用户管理预期情况进行预测，为清洁能源背景下电能用户的管理提供了创新方案。本研究注重理论研究和实地调查研究的结合，研究结果具有一定理论的同时也具有较好的实际应用价值，最终提出了具备推广性的清洁能源背景下电能用户管理创新方案。

本书得到了陕西省 2021 年创新能力支撑计划项目"大数据环境下陕西省智能电网短期负荷预测研究（2021KRM017）"和国网陕西营销服务中心 2021 年其他服务——"供电 + 能效服务"体系构建和质量评价项目的资助。

本书的第 1、2 章由王莉芳、彭周、朱琳、曹伟撰写；第 3 章由曹敏、王莉芳、曹伟撰写；第 4 章由王莉芳、曹敏、朱琳撰写；第 5 章由王莉芳、曹敏、彭周撰写；第 6 章由曹敏、彭周、曹伟撰写；第 7 章由曹敏、彭周、朱琳、曹伟撰写；第 8、9 章由王莉芳、彭周、朱琳撰写。

本书编写过程中参考和引用了诸多前辈和同行的研究成果，在此表示衷心感谢！

由于我们水平有限，书中难免存在疏漏与不妥之处，望读者见谅，同时恳请各方面的专家、学者以及广大读者批评指正。

作者

2021 年 7 月

目　录

第1章

绪论

1.1 研究背景及意义

1.1.1 研究背景

伴随我国工业化进程和城市建设的推进，以往粗放式发展拉动我国经济的同时在能源消耗和环境污染的弊端日益凸显。以陕西省西安市为例，在 2018 年，西安市空气质量不达标天数达 177天，$PM_{2.5}$平均浓度为 73μg/m³，高于 WHO 标准 730%[1]，高于我国大气环境标准 487%；PM_{10}平均浓度为 130μg/m³，高于 WHO 标准 650%，高于我国大气环境标准 325%；而 CO 日浓度为4.9mg/m³，高于我国大气环境标准 123%，说明空气质量问题依然严峻。目前学术界对雾霾的成因已经有了比较深入的研究，总体来看，大规模雾霾的成因主要包括自然因素与人为因素。从自然因素上来看，陕西省关中地区具有比较特殊的地理特征，南北部分别被秦岭与黄土高原包围，仅有东西方向形成开口，但关中

1

地区的气候特点为常年东北风主导且风量较低[2]，导致在秋冬季产生的污染并不能有效地消散，容易在关中地区形成堆积；而从人为因素上看，主要原因有汽车尾气、冬季燃煤采暖与工业废气排放，而为满足秋冬季居民采暖需求的大规模的燃煤采暖成为采暖季雾霾肆虐的元凶之一[3]。研究表明，雾霾主要由二氧化硫、氮氧化物和可吸入颗粒物这三项可对人体健康状况产生危害的物质组成[4]，空气中的细颗粒污染物会直接入侵人体的呼吸系统和循环系统，增加心脏和肺部患病的风险。此外，雾霾中微小污染物大面积聚集还会使空气变得浑浊，阻碍城市交通、铁路网络和电力网络的正常运行，对我国经济可持续发展产生负面影响[5]。

为实现电力行业能源转型，风能、太阳能、潮汐能与地热能等清洁能源在发电端占比日益提升，成为电力行业近年来的发展重点。对于用户侧而言，传统的燃煤采暖与燃烧秸秆采暖会对大气环境与各种自然资源造成严重的污染，为响应政府与行业的清洁能源推广号召，对用户采暖设备进行改造也成为清洁能源背景下用户用能结构转型的重要工作。而伴随着用户采暖设备的改变，传统的电能用户管理同清洁能源背景下用户用电行为之间存在着一定的差异。进行清洁能源背景下电能用户管理创新也成为电能用户管理领域在新时代背景下的必然发展趋势。

对于清洁能源背景下的电能用户管理而言，对用户采暖设备进行改造是目前的主要任务，而各电力公司在全国不同地区开展了不同类型的响应清洁能源背景的用户用能结构改造活动，例如"煤改电""煤改气""新型采暖设备推广"等一系列工作。"煤改电"作为清洁能源背景下节能减排的有效方案最早在北京市进行试点实施。2001 年，北京市启动核心区文保区居民采暖"煤改清洁能源"工程，电代煤作为生态建设和大气雾霾治理的有力手段得到了来自社会各界的高度关注，至 2003 年底，北京市东城区、西城区第一批电采暖示范工程项目改造完成。2013 年 8 月，北京市人民政府办公厅发布《北京市 2013—2017 年清洁空气行动计划重点任务分解》，确立"煤改清洁能源"从城市核心区域向外扩张的路线，提出大力推进北京农村地区清洁能源用户采暖改造。北京市贯彻落实中央关于环境治理的部署任务大力推动地方煤改清洁能源工程项目，为我国北方地区大范围实施电代煤提供了"北京方案"和"北京借鉴"[6][7]，国家也陆续出台多项电能替代扶持政策推动北方地区能源清洁化进程。2014 年 10 月，国家发改委、工业和信息化部等编制了《燃煤锅炉节能环保综合提升工程实施方案》（发改环资〔2014〕2451 号），对实施燃煤锅炉节能做出重要指导。2017 年 3 月，全国两会呼吁全面实施散煤综合治理、推进北方地区清洁能源采暖。同年 9 月，国家发改委印发《关于北方地区清洁供暖价格政策的意见》（发改价格〔2017〕1684号）。2018 年 6 月，生态环境部和国务院分别印发《2018—2019年蓝天保卫战重点区域强化督查方案》（环环监〔2018〕48 号）和《打赢蓝天保卫战三年行动计划》（国发〔2018〕22 号）继续推进大气污染防治进程，持续改善环境空气质量，明显减少重污染天数。2019 年，国家发改委印发《2019 年新型城镇化建设重点任务》（发改规划〔2019〕617 号），在加强城市基础设施建设工作内容中指出，督促北方地区加快推进清洁供暖。

国家能源局《电力发展"十三五"规划》对电能替代提出的总体目标为 4500 亿 kW·h。国家电网公司 2016—2018 年已完成替代电量 3566.02 亿 kW·h，占目标总量的 79%。我国电能替代产业发展促进联盟相关数据显示，2018 年，居民采暖领域完成替代电量约 115.90 亿 kW·h，约占 2018 年总替代电量 1555.17 亿 kW·h 的 7.45%。2019 年前三季度电能替代量合计达到 1600 亿 kW·h，同比增长超过 30%（数据来源：国家电网报）。我国北方各省市积极响应中央关于大气环境治理和京津冀地区清洁能源采暖保卫蓝天的号召，努力完成"十三五"期间用户用能结构改造任务，加大清洁能源推广力度，加快实施电能替代战略，致力电代煤技术创新升级，降低煤炭在终端能源消费结构的占比，推进居民取暖"无煤化"进程。2019 年，北京市配套电网改造工程已全面完工，清洁能源采暖用户已突破 123 万户，其中农村地区清洁能源采暖用户数量达到 85 万户。陕西省清洁供暖"煤改电"突破 62.82 万户（数据来源：北京日报）。山东清洁能源采暖用户累计达 62.43 万户，面积 6026.08 万 m^2。河北省清洁能源用户采暖改造 181.2 万户（数据来源：河北省政府工作报告，2019 年 1 月 14 日），山西电力清洁能源采暖用户数超过 20 万户（数据来源：国家电网山西省电力公司），天津地区清洁能源采暖用户建设工程已全部竣工，提前一年完成清洁能源采暖用户电网配套建设改造任务，惠及 46 万户居民。实施电能替代能有效降低煤炭消费比例，减少碳排放和细颗粒污染物的产生，加强其应用推广有助于民生改善和生态文明建设。

以陕西省为例，陕西省政府与相关机构 2013 年提出了《陕西省"治污降霾·保卫蓝天"五年行动计划（2013—2017 年）》（陕政发〔2013〕54 号）与《关于推进电能替代的实施方案》（陕发改煤电〔2016〕950 号）等一系列政策致力于推进清洁能源与节能减排工作，同时提出了散煤治理，电能替代与煤改电等一系列工作指导方针。电力企业作为能源类行业主要供应商之一，积极响应政策号召，从生产环节与供应环节全面提高清洁能源的利用率和降低碳排放量。截至 2019 年底，陕西省采用风电，光伏与生物质等清洁能源的装机量达 1485 万 kW，占全省电力总装机量的 30.6%，做到了从发电侧不断优化能源结构，实现节能减排。同时从供电侧出发，治理散煤取暖，大力推广清洁能源，针对用户冬季采暖实施用能设备改造，全力实现用户采暖行为的转型，提高电采暖的使用比例，截至 2019 年底，陕西省 A 电力公司已经实现了关中地区 47.6 万用户的改造，并且改造还将持续进行。煤改清洁能源作为电能替代工程的重要一环，清洁能源行业的蓬勃发展有助于加速我国能源消费结构改革，能够有效缓解环境污染、解决能源安全问题，促进我国构建资源节约型社会和环境友好型社会。从目前来看，我国北方地区电代煤采暖用户需要加快电力成本优化、加强配套电网设施建设、升级采暖设备技术、优化电源结构和布局，以推进清洁能源采暖用户工程项目建设，促进"绿色中国"的构建。

在清洁能源背景下，采暖方式的转变催生了大规模的清洁能源采暖用户，该类用户的采暖方式由燃煤采暖的传统采暖方式转变为电采暖，采暖方式的转变导致用户用能情况产生相应的变化，为研究清洁能源采暖用户用能情况的变化，并根据用户用能情况的特点对清洁能源背景下电能用户管理工作进行优化与完善，本书进行了清洁能源采暖用户用能情况入户调研与分析，并针对清洁能源用户管理工作进行了包括影响因素分析，用能预测与用户细分等工作，完成了电力用户管理创新研究。

1.1.2 研究意义

本书立足于陕西省 A 电力公司的清洁能源背景下电能用户管理创新，结合国内配套电网建设情况及清洁能源改造政策、陕西省清洁能源采暖用户发展概况和用能情况，对陕西省清洁能源采暖用户进行调研与分析，并提出清洁能源背景下电能用户管理创新的相关政策建议。一是为公司探索具有针对性的电能用户清洁能源推广策略，使公司高效稳步推进陕西省清洁能源用户管理工作转型，因地制宜优化适合清洁能源用户的用户管理思路，摆脱传统电网发展模式向能源互联网转变；二是通过创新电能用户管理方式，促使清洁能源用户的用电量实现进一步增长，推进终端能源消费结构调整和农村生活方式革命，构建低碳清洁、安全高效的能源体系，提升商业和城市居民用能电气化水平，改善生态环境建设美丽中国。

1.2 研究内容及技术路线

1.2.1 研究方法

本书采用了文献研究法、专家座谈法进行相关理论研究，进行电能用户管理现状与存在问题分析，采用抽样调研法进行电力公司清洁能源采暖用户调研与数据收集，基于统计学原理，采用多元线性回归模型进行影响因素分析与 A 电力公司预期情况预测，采用改进的 K–means 算法进行电力公司清洁能源用户细分，采用标杆研究法、专家座谈法进行针对陕西省 A 电力公司电能用户管理效果的配套措施编制。

1.2.2 研究内容

本书的主要内容是基于清洁能源背景下对陕西省 A 电力公司用户管理工作进行创新研究，主要内容包含以下六部分：

1）采用文献研究方法对本书所需要的理论基础与现实基础进行梳理，为研究构建坚实的理论基础。采用文献研究、专家座谈法对 A 电力公司清洁能源用户管理的宏观环境与微观环境进行分析，提出进行电能用户管理创新的必要性，并为后续研究提供公司层面的现实基础，保证研究本身基于实际并解决实际问题。

2）采用实地调研、问卷调研、专家座谈与基本统计分析方法对全省清洁能源采暖用户进行实地调研与问卷调研，对清洁能源采暖用户管理情况进行相关分析，收集清洁能源采暖用户管理相关信息，对用户运行投资成本进行分析，提出 A 电力公司目前在电能用户管理中存在的问题，并为后续研究提供包括供给侧与需求侧的现实基础。

3）采用文献研究、理论研究、专家座谈、因子分析的方法对

A 电力公司清洁能源采暖用户管理影响因素进行提取与初步分析，并根据用户数据情况对清洁能源用户采暖改造后用电量增长的影响因素进行因子分析，最终识别出各影响因子对清洁能源采暖用户的影响程度，并为清洁能源采暖用户对电力公司运行的预测分析提供模型基础。

4）采用文献研究、专家座谈法与数理建模法构建清洁能源采暖用户细分模型，包括基于清洁能源采暖用户意愿细分模型以及基于清洁能源采暖用户价值的细分模型，采用结合肘部法则与轮廓系数法的 K - means 算法进行聚类。采用定性与定量分析法对 A 电力公司进行细分模型实例分析，最终得到用户细分结果并对细分结果进行解释，为清洁能源背景下电能用户管理提供根据。

5）采用文献研究、理论研究、多元线性回归模型的方法对 A 电力公司清洁能源采暖用户对电力公司运行的预期影响情况进行预测，根据影响因素分析与调研数据，针对清洁能源用户采暖改造后的用电量情况进行分析预测，并对清洁能源用户采暖改造后 A 电力公司运行情况的发展进行预测分析。

6）采用专家座谈、标杆研究法提出提升 A 电力公司清洁能源用户管理效果的配套措施和建议，基于用户调研情况、公司运行环境情况、影响因素分析、用户细分情况与用电趋势预测，提出各方面建议，将本书结果应用于实际中。

1.2.3　技术路线（如图 1-1 所示）

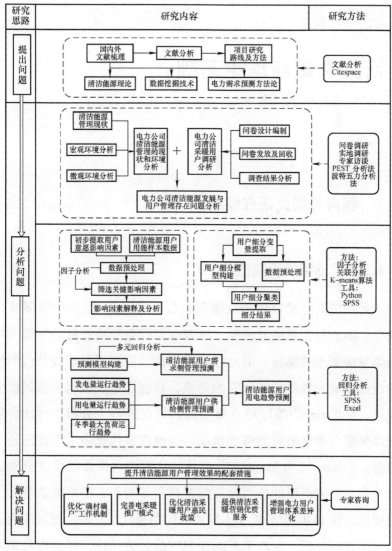

图 1-1　技术路线图

第2章

研究文献与理论基础

2.1 国内外相关研究综述

2.1.1 国外相关研究综述

采用清洁能源替代传统能源的概念自从 20 世纪中叶诞生以来[8]，不断得到发展与延伸，随着电力行业清洁能源的发展与可持续发展概念的提出，电力行业采用清洁能源进行能源替代的概念也逐渐成为各界学者研究的对象，目前已形成相当丰富的研究成果，Katharine[9] 等针对全球变暖的情况进行了分析，对比分析燃煤采暖与燃气采暖的排放情况，为电能替代提供了严谨的科学依据；Amagai[10] 与 Masjuki[11] 也分别从污染物排放的角度分别针对日本与马来西亚的能源污染情况进行了分析，提出电能替代的迫切性。而 Bello[12] 分析了不同能源间的替代性，并针对马来西亚与中国进行分析，提出了不同能源间的可替代性，并提出马来西亚水电资源的可替代性。Iniyan[13] 提出了最优可再生能源计量经济模型对印度的可再生能源基于成本、效率、社会接受程度、可靠性、替换潜力以及需求进行应用分析，对印度的电能替代政策制定提出了相关建议。Kemfert[14] 就欧洲电能替代相关政策与气候政策之间的关系进行分析，提出两者在尚未完全竞争的市场中存在相辅相成的关系。还有不少学者将目光放到清洁能源替代发展情况的预测上。

　　而电能用户管理领域作为具备高应用性的课题，一直是国外众多学者研究的热点。1978 年，美国学者 J. Kraft 和 A. Kraft[15] 最先使用格兰杰因果检验法证明了经济发展与电力供需之间的关系是单向的。后来很多学者也验证了这一说法。Lariviere 和 Lafrance[16] 对加拿大各城市的人均年度电力消费进行了分析，发现电力消费与人口、气温和经济发展等因素有关。Narayan 和 Smyth[17] 也对澳大利亚居民用电需求进行分析，发现影响电力需求的因素有居民收入、电价、天然气价格和温度。Son[18] 等人根据日照强度、风速、电力消耗、实时电价、平均温度和居民价格消费指数等影响因素，提取了 14 个气象变量和 5 个社会变量，作为住宅区电力预测模型的输入变量。

　　Sumer[19] 等人使用 ARIMA、季节性 ARIMA（SARIMA）以及包含季节虚拟变量的回归模型来预测电力需求，结果表明回归模型比其他两种模型预测的更为成功，因为该模型考虑了季节性变动和结构变化。J. W. Taylor[20] 等研究者运用双季节性的指数平滑法和基于主成分分析（Principal Component Analysis，PCA）的新方法，分别通过时间间隔为一小时和半小时的需求时间序列来比较以上两种方法，最终结论为使用指数平滑法能够获得最佳结果。

2.1.2 国内相关研究综述

在清洁能源替代相关领域，国内学者也取得了丰富成果。在可行性研究方面，Chen[21]对北京地区煤改电开展情况进行分析，通过对减排效果进行量化分析，验证了煤改电工程的可行性。Zheng[22]采用实地调研的方法收集用户用电量数据，并采用输入输出模型对福建省清洁能源用户采暖改造效果进行分析，结果表明清洁能源用户采暖改造工作能够显著提升发电量并减少化石能源需求，促进节能减排。Zhao[23]与Lin[24]等学者对替代能源的选择也进行了深入的研究，提出了各类清洁能源的发展以促进能源的可持续发展。Cai[25]对我国58所城市冬季雾霾情况与采暖情况进行实验研究，验证了冬季采暖对空气质量的影响同时提出进行采暖设备替代等相关政策建议。Shuxue[26]对中国华北地区清洁能源采暖用户运行情况进行了介绍，并清洁能源用户采暖改造工作实施效果进行了分析。袁新润[27]等根据天津地区电能替代形式对多种电能替代技术进行介绍与分析，指出电热膜良好的经济效益。而Niu[28]，Chen[21]等学者也对清洁能源采暖用户的现状与效果进行了分析，纷纷验证了其在运行中体现出的显著成效同时也指出目前仍有待优化空间。

国内学者对清洁能源采暖用户工作的具体展开方式也进行了很多研究。吴迪[29]等提出了针对不同地区使用不同的供暖策略，宜电用电、宜气用气，供热方式的选择应与当地的实际条件相结合。乐慧[30]等提出采用空气源热泵是比较适合农村供暖的方式，由于空气源热泵的性能系数可以达到2.5以上，故其能源利用效率远高于直接电热方式[31]，且空气源热泵具有前期投入高，后期运行成本低的特点。张丽[32]等提出了不同环境温度和出水温度下，对于空气源热泵性能系数的影响，当温度较低时空气源热泵有制热量差，压缩机不稳定等问题。侯德席[33]等提出了采用蓄热式电暖器供暖，一方面起到一定的削峰填谷的作用；另一方面其调节灵活，安装简单，可独立供暖，以满足用户的不同需求。柴立龙[34]等提出地源热泵系统与燃煤热水采暖系统相比，可节约42%的能源消耗量，其节能减排效果非常明显，然而其初始投资高，较为依赖环境因素，因此对于地源热泵的应用需要进一步研究和分析。王春兰[35]等提出使用天然气供暖时，具有燃烧效率高的优点，其中壁挂炉供暖效率为85%，燃气供暖锅炉约达90%。远高于散装煤（约40%），但存在农村铺设燃气管道不方便，燃气费用较高，改造费高等问题。

随着清洁能源用户采暖改造工作的不断发展，不少学者的研究重心从可行性与应用的研究深入到电能替代影响因素与政策的研究。Wu[36]采用投入产出模型讨论了不同类型的电能替代政策的相对影响。研究结果指出仅靠电力替代政策不足以减少对化石能源和环境污染的依赖，我们还应增加对可再生能源的利用。其次，电力部门在刺激经济产出方面起着主导作用，电力替代政策带来的用电量增加可以促进我国经济的绿色发展。Zhang[37]采用双重差分模型来研究我国冬季清洁供暖项目的可行性，结果显示清洁供暖项目有效减少了各类污染物的排放量，并以此对清洁能源用户采暖改造工作的展开提出了政策建议。Wang[38]对鹤壁市1030户用户进行改造意愿调查，指出研究收入，所在地区，能源成本与教育水平为影响居民实施清洁能源用户采暖改造的关键因素。还有不少学者[39][40]将目光放到清洁能源采暖用户发展情况的预测上。

在电能用户管理方面，我国学者也做了大量的研究。蒋金荷[41]等通过对1990—2000年影响全国用电量的因素分析，以及对经济增长与电力发展关系的定量研究，认为主要是由于以工业为主导的第二产业电耗系数的急剧下降引起了短期内电力与经济发展关系的突然变化。林伯强[42]在三要素的生产函数框架下，应用协整分析和误差修正模型技术研究了中国电力消费与经济增长之间的关系，实证结果表明GDP、资本、人力资本以及电力消费之间存在着长期均衡关系。王文青[43]采用灰色关联度评价方法对产业结构和电力消费结构进行关联分析，确定第二产业为发展中的优势产业，并通过分析历年数据，得出各产业GDP和城市化率是影响各产业电力消费的主要因素。汪建均[44]等以1973—2004年我国电力消费量的历史数据为基础，根据其趋势图拟合出与之相似的指数回归曲线，然后对其残差序列利用时间序列进行分析和识别，建立起适合我国电力需求预测的指数回归ARMA（1，1）模型，结果表明此模型具有简单快捷、预测精度高的特点，可以满足实际预测要求。王庆露[45]等人采用协整与误差修正模型技术，研究了我国电力需求与经济增长之间的关系，检验了电力需求与国内生产总值、人口、价格和结构变量之间的长期均衡关系，并结合干预分析的方法修正了由经济环境的改变和突发事件引起的预测偏差。何晓萍[46]等通过引入城市化这一因素利用面板数据非线性模型和协整模型，从两个侧面对我国电力需求进行了比较和预测，两种模型的结果都表明当前的电力需求与城市化高度相关，我国城市化进程以及城市化发展阶段的工业化特征促进了电力需求的快速增长。牟敦果[47]等基于时变参数向量自回归（TVP–VAR）方法研究了工业增加值、电力消费量和煤炭价格之间的互动影响，研究结果证明，三者之间的关系随经济基础条件存在较大的变化，从总体上看，工业增加值对电力消费存在正向的拉动作用；电力消费对工业增加值的拉动作用较小。杨泽众[48]等人根据 1997—2016 年湖北省年用电量及其 10 个影响因子的数据，采用灰色关联分析法对数据进行处理，选取确定 3 个关联度较大的影响因子作为 BP 神经网络的输入参数，建立 BP 神经网络用电量预测模型，最后对湖北省未来几年用电量进行了预测。预测结果表明，灰色关联分析及 BP 神经网络方法在用电量预测上精度较高，计算方便，可为电力部门提供参考。

2.1.3　小结

总体来说，国外学者对于电力行业中清洁能源替代传统能源的研究与国内学者存在一定的差异，主要原因可能在于各国资源禀赋的差异性，我国作为煤炭资源大国，煤炭是我国最主要的能源来源。而各国不同的情形促使国外学者们可能更多地考虑电能对于石油、天然气能源的替代，以及电能作为终端能源消费时的应用情况。

在电能用户管理方面，国外学者们的相关研究同国内学者的研究方向整体上是类似的，但是在方法的选择上，国内外学者还是存在较大的差异，这样的不同也可为我国学者在提出适应我国国情的电能替代方案时提供对比和借鉴。

2.2 清洁能源相关理论

2.2.1 清洁能源概念

清洁能源，是指从自然界中获取的、可以不断再生、永久利用的非矿物能源，主要是指对环境无破坏的，或者危害极小的可再生能源种类，例如风能，太阳能和生物质能等。这种资源通常来源自然，分布广泛，使用方便。利用的同时也不会对环境造成污染，开发利用清洁能源已经成为改变能源配比坚持可持续发展道路的重要举措，在建设生态建筑的时候应充分考虑到利用清洁能源代替常规矿石能源的消耗。

风能是地球表面大量空气流动所产生的动能。由于地面各处受太阳辐射后气温变化不同和空气中水蒸气的含量不同，因而引起各地气压的差异，在水平方向高压空气向低压地区流动，即形成风。风能资源决定于风能密度和可利用的风能年累积小时数。风能密度是单位迎风面积可获得的风的功率，与风速的三次方和空气密度成正比关系。据估算，全世界的风能总量约 1300 亿 kW，我国的风能总量约 16 亿 kW。风力发电在未来 30 年内将会得到大力发展，我国计划在距离海岸大约 50 公里的地方大规模建造水上风力发电站，这些发电站可能建在巨大的浮体上，也可能深入水下约 40 米建在大陆架上。鉴于海面上风力通常比地面上大，因此海上风力发电更具有发展前景。未来 20 年内海上风力发电量将能够达到 750 亿 W，几乎达到我国所有发电站装机容量的 70%。

太阳能应用是节能建筑设计的主要手段。一般来说，每一栋建筑都或多或少地受到太阳的辐射，但只有那些经过良好设计、达到优化利用太阳能的建筑，才被称为"太阳能建筑"。我国太阳能资源非常丰富，各地年平均日照时间长于两千小时。可转化的能源相当于每年 17 万 t 的煤矿所产生的能量。所以说我国利用太阳能资源的条件非常优越。利用太阳能代替部分常规能源满足建筑采暖、空调耗能是建设生态建筑的一个重要发展方向。

生物质能是指包括薪柴、农作物秸秆，农业林业残渣生活污水等在内的生物质能够产生的能源。地球上每年通过植物光合作用贮存的碳就超过 2000t，这些能量相当于全世界每年耗能量的 10 倍。但能被人类利用的也仅仅是很小的一部分，大部分被浪费掉了。生物质能又分传统生物质能和现代生物质能。传统生物质能包括薪柴和木炭、植物秸秆和动物粪便；现代生物质能包括木质废弃物、甘蔗渣等、城市废物、生物燃料（如沼气）等。由于生物质能属于清洁能源，得到了越来越高的重视，被不断利用，如沼气的应用、生活垃圾发电等。

沼气是有机物质在厌氧的条件下，经过微生物发酵生成的以甲烷为主的可燃气体。沼气发酵可生成三种物质：沼气、消化液和沼渣。沼气可作为清洁能源，消化液和沼渣是优质肥料和有机肥，有改善土壤的功效。大中型沼气工程的应用主要是处理城市污水、高浓度工业有机废水、人畜粪便及生活垃圾。我国积极发展大中型沼气工程，开展综合利用，创造出许多新的工艺，取得了显著的经济效益和生态效益。主要是对生活垃圾和人畜粪便进行发酵，产生的沼气供炊事使用，消化液和沼渣作为优质肥料使用。生活污水经过处理达标后可回灌农田，减少了矿石资源的利用。

2.2.2 能源替代理论

1. 能源替代概念

严重雾霾等污染问题是我国能源发展方式不合理、结构性矛盾长期积累并集中暴露的结果，解决环境问题必须改变以煤为主的能源结构，尽量减少煤炭、石油等化石能源使用，控制能源总量和调整能源消费结构。在此形势下，国家电网公司在 2013 年提出了电能替代战略，发挥电能便捷、安全、清洁、高效等优势，面向终端能源消费市场，积极倡导"以电代煤、以电代油、电从远方来"的能源消费新模式，不断提高电能占终端能源消费的比重，大力优化能源结构，促进节能减排，减轻大气污染，提升环境质量和经济可持续发展能力。

2. 电能替代战略内容

电能替代战略，主要是指利用电力能源代替煤、油、气等常规终端能源，通过大规模集中转化提高燃料使用效率、减少污染物排放，取得改善终端能源结构，促进环保的效果。依据电能生产、运输和消费全流程，电能替代战略具体包括如下内容：其一是电能生产侧，强调电源的绿色化和清洁化，从根本上减少煤炭等化石能源的消耗，对环境保护产生快速推进作用；其二是电能运输侧，强调优先从远方运输清洁电能，主要是以输电替代输煤，把西部、北部的水电、风电、太阳能发电远距离、大规模输送到东中部地区，尽量避免高负荷地区新增并逐步减少污染程度高的传统电源；其三是电能消费侧，强调优先消费电能。首先是以电代煤，如将工业锅炉、工业煤窑炉、居民取暖和厨炊等传统用煤方式改为用电，减少直燃煤的使用，具体措施包括在城市集中供暖、工商业等重点领域实施大型热泵、电采暖、电锅炉等以电代煤、以电代气项目。

3. 电能替代的必要性

人类历史发展进程实际也是能源替代的过程，从煤炭替代薪柴，到石油、天然气替代煤炭，目前正逐步进入用新能源和可再生能源替代传统化石能源的新阶段。无论从发展趋势、现实要求，还是从技术条件分析，电能替代都是终端能源替代的重要趋势，以提高电气化和电能替代为主要方向推进终端能源替代符合我国基本国情。

（1）电能替代战略是促进节能减排，建设美丽中国的直接抓手

化石能源资源日益减少、环境对排放物消解能力有限，成为制约我国绿色低碳发展的主要障碍。因此必须转变经济发展方式和能源利用结构，实行电能替代战略。我国目前已成为世界能源消费第一大国，煤炭在一次能源消费中的占比高达 68.5%，煤炭直接燃烧会产生大量二氧化硫等有害气体，而电能具有清洁、可再生等优点，电力消费占终端能源消费比例已成为当前衡量一个国家能源行业发展是否优质、绿色的重要参数。

（2）电能替代战略是治理雾霾，保障人民基本权利的迫切需求

2013 年 5 月 14 日，国务院新闻办公室发表《2012 年中国人权事业的进展》白皮书，首次将"生态文明建设中的人权保障"单独成章，并将细颗粒物（$PM_{2.5}$）纳入空气质量常规监测指标，这体现出公民的清洁生活权益正逐步得到保障。因此在提升居民生活电气化水平的同时必须保障人们的清洁生活权益，这也依赖于大力实施电能替代战略。

（3）电能替代战略是优化能源结构，保障能源安全的创新路径

目前我国能源结构特点为：以煤为主、多样化发展。我国的资源禀赋一直是"富煤缺油少气"，因此我国化石能源大幅偏重于煤炭，直到 2018 年，煤炭在我国一次能源中的占比仍然高达58%，而石油和天然气仅分别占 20% 和 7%。从全球平均水平来看，石油、天然气、煤炭的占比更加均衡，分别为 34%、24% 和27%。美国、欧盟的化石能源都更加依赖于石油和天然气，而煤炭占比仅分别为 14% 和 13%。根据《2019 年国内外油气行业发展报告》，国内勘探开发形势好转，2019 年原油产量扭转连续几年下降势头，达到 1.91 亿 t，增幅 1.1%；天然气产量估算达到 1738亿 m^3，增幅约 9.8%。国内油气对外依存度虽仍在上升，但快速提升的势头得到遏制。未来随着加大国内油气勘探开发力度"七年行动计划"的实施，产量还将继续回升，预计 2020 年国内油气产量有望分别达到 1.94 亿 t 和 1900 亿 m^3。加之国家发展清洁煤、多能代油、提高终端用能电力比例等政策实施，油气对外依存度将呈平稳低速增长态势。

我国的低碳能源以水电为主，水电份额（8%）高于美、日、

欧的水平（分别为 3%、4%、5%）；但我国的核能份额仅为 2%，大幅低于美国和欧盟（分别为 8% 和 11%），日本在福岛核事故后核电份额大幅下降，目前也仅为 2%；可再生能源方面，欧盟和日本的份额较高（分别为 9% 和 6%），美国为 5%，我国和全球平均水平一致（均为 4%）。

对于电力行业而言，煤电、气电、油电作为火电的主要组成部分，煤电、油电为高碳、高污染化石能源发电，且我国油电数量极少，绝大部分为煤电，气电则为今后一段时间内主力推动的低碳、清洁能源发电。事实上，从全球来讲，水电、风电、太阳能光伏、核电等非化石能源发电的间歇性、随机性、不稳定性、安全性的难题都未从根本上完全克服，因此，火电在未来很长一段时间内的发电主导地位不会被动摇。电能替代作为一种可行的能源替换方案，成为优化能源结构和保障能源安全的创新路径。

2.3 电能用户管理相关理论

2.3.1 影响因素分析方法

1. 主成分分析法

主成分分析（Principal Component Analysis，PCA）法是一种影响分析常用统计方法。通过正交变换将一组可能存在相关性的变量转换为一组线性不相关的变量，转换后的这组变量叫主成分。

主成分分析法的原理是设法将原来众多具有一定相关性（比如 P 个指标），重新组合成一组新的互相无关的综合指标来代替原来的指标。通常数学上的处理就是将原来 P 个指标作线性组合，作为新的综合指标。最经典的做法就是用 F_1（选取的第一个线性组合，即第一个综合指标）的方差来表达，即 var（F_1）越大，表示 F_1 包含的信息越多。因此在所有的线性组合中选取的 F_1 应该是方差最大的，故称 F_1 为第一主成分。如果第一主成分不足以代表原来 P 个指标的信息，再考虑选取 F_2 即选第二个线性组合，为了有效地反映原来信息，F_1 已有的信息就不需要再出现在 F_2 中，用数学语言表达就是要求 $cov(F_1, F_2) = 0$，则称 F_2 为第二主成分，依此类推可以构造出第三、第四，直至第 P 个主成分。

主成分分析法有以下优点：

1）可消除评价指标之间的相关影响。因为主成分分析法通过对原指标变量进行相应的数学变换之后，所构成的主成分之间是相互独立不相关的，并且通过实际的证明得到的各个指标之间的相关度越高，那么主成分分析法的使用效果也就越好。

2）可以大幅度地减少指标选择的工作量。比起其他的各种各样的评价方法，因为主成分分析法的主成分之间彼此不具有相关性，所以彼此之间不会有相互的影响，所以选择指标时相对容易，而其他评价方法彼此之间都具有相互的影响，因而在选择指标时会花费不少精力。

3）当评级指标较多时，还可以在保留绝大部分信息的情况下用少数几个综合指标代替原指标进行分析。主成分分析法中各主成分是按照方差大小顺序排序的，在问题分析中，能够删除一部分的主成分，只选择前后方差较大的多个主成分来表示原来的变量，因此降低了运算的工程量。

4）在综合评价的函数当中，每个主成分的权重是与之相对应的主成分的贡献率，它反映了其主成分含有原始数据的信息量占所有信息量的比例，这种确定权重系数的方法是比较合理且客观的，它改善了某一些评价方式中人为的计算权重系数的缺点。

5）主成分分析法的计算方法比较规范，可以轻松地在计算机上实现，还可以运用专业的软件。

运用主成分分析法过程中以下两点：

1）在主成分分析中，我们首先应保证提取的前几个主成分的累计贡献率达到个较高的水平（即变量降维后的信息量须保持在一个较高水平上），其次对这些被提及的主成分必须都能够给出符合实际背景的意义的解释。

2）主成分解释的含义普遍多少会带有一点模糊性，不同于原始变量的含义那样清晰、确切，这是变量在降维的过程中不得不付出的代价。因此，计算得出的主成分数通常应该明显低于原始变量个数，否则维数降低效果不明显就没降维的优势。

2. 因子分析法

因子分析法是将多变量数据进行简要处理的统计方法，其核心是降维，即对高维数据进行降维，是通过研究样本原始矩阵，发现变量内部的相关关系，从多个具有相关关系的变量中，把具有复杂关系的变量所提取出的成分作为几个公共因子的方法。该方法原理在于利用公共因子来描述原始数据的主要信息，从而解释其中的相关联系，同时，因子分析法在其应用中还可以给样本算出得分和相应的排名情况，从而有助于分析各个影响因素的影响程度。

因子分析法与主成分分析法类似，本质上是主成分分析法的推广，相比于主成分分析法，因子分析法更倾向于描述原始变量之间的相关关系。

本书的研究中，由于变量数适中，且都有标准取值，并且由于科学性的要求，最终选择因子分析法进行影响因素分析。

2.3.2 电力需求预测方法

1. 时间序列分析法

时间序列分析法是对样本数据进行动态分析处理的一种统计方法，它依据对样本数据序列所表现出的某种随机过程的特性来建立模型，然后运用模型去对被解释变量进行预测。在电力需求预测中，时间序列分析法抓住电力负荷变动的惯性特征和时间上的延续性特点，通过对历史样本数据时间序列的分析处理来确定用电量的基本特征与变化规律，从而实现对它的预测。

时间序列预测法分为确定型预测法和随机型预测法两种。确定型预测法通常作为模型残差来对预测区间的大小进行估计；随机型预测法通常作为一个线性滤波器，时间序列可根据线性滤波器的特性划分为自回归、移动平均、自回归移动平均以及自回归移动平均等模型。

在时间序列分析中，常会发现两个变量存在一种长期稳定关系，这种长期稳定关系称为"协整关系"。传统的协整分析方法是通过对序列差分将其转化为平稳序列，得出其中的线性均衡关系，这种协整关系可称为线性协整，线性协整的建模理论是从实际的数据生成过程出发，在非平稳序列中寻找可能存在的长期线性均衡关系，以建立序列的结构模型，从而反映序列的运行机制。可用协整分析探讨电力消费与各因素间的长期均衡关系与因果关系。

　　由于本书主要是针对陕西省 A 电力公司用户进行用能情况预测，数据量大，采用面板数据计算的话计算量巨大，因此不予采用。

2. 回归分析法

　　回归分析法是应用范围较为广泛的定量预测方法之一，它是指在许多样本观测数据的基础上，运用数理统计分析方法来建立因变量与自变量之间的回归关系从而进行预测。电力需求预测回归分析法是通过对国内生产总值、产业结构、人口及气象因素等解释变量与被解释变量——用电需求量的历史观测值进行相关回归分析，确定用电量需求与诸多解释变量之间的数量依存关系来实现预测。回归分析法包括一元线性、多元线性和非线性回归法。一元线性回归方程 $y = ax + b$，以 x 为自变量，y 为因变量；a 为回归系数。多元线性回归方程为 $y = a_0 + a_1 x_1 + a_2 x_2 + \cdots + a_n x_n$，其中 $x_1, x_2, x_3, \cdots, x_n$ 为自变量，y 为因变量，$a_1, a_2, a_3, \cdots, a_n$ 为回归系数。非线性回归方程因变量与自变量不是线性关系，需要进行非线性回归分析。然而，非线性回归方程的求解一般较为复杂，通常采用对数变换、反比例变换以及泰勒级数展开等方法对变量进行置换，将非线性回归转化为线性回归，从而进行分析。

　　根据历史数据，选择最接近的曲线函数，然后用最小二乘法使其间的偏差之平方和为最小，求解出回归系数，并建立回归方程。回归方程求得以后，把待求的未来点代入方程，就可以得到预测值，此外还可测出置信区间。从理论上讲，任何回归方程的适用范围一般只限于原来观测数据的变化范围内，不允许外推，然而实际上总是将回归方程在适当范围内外推。根据实际计算的结果，选定的模型为以下六种：直线、抛物线、指数曲线、反指数曲线、一型双曲线、几何曲线。在计算处理中，程序将逐个利用上述的几种模型进行最小二乘拟合，直到找到拟合最好的模型。根据实际计算的情况，模型并非越多越好。有的模型虽对历史数据拟合得很好，但并不适宜用作预测，如高次多项式。用回归法预测负荷时，若取用过去若干年的历史资料正处于发展上涨快的时期，则预测未来越来越快，反之，若取用下降时，则预测未来越来越慢。同时应用回归分析方法必须预先人为给定回归线类型，若给定的回归线类型不合适将直接影响预测精度。

根据本书预期结果的要求，最终选择回归分析法进行预测分析。

2.3.3 数据挖掘相关理论

数据挖掘（Data Mining，DM）的定义与另一个常用的术语"数据库知识发现"（Knowledge Discovery in Databases，KDD，常简称为知识发现）密切相关。一种观点认为知识发现是从大规模数据中发现知识的整个过程，而数据挖掘只是这个过程的一个重要步骤；另一种观点则认为两者是等价的概念，均指发现知识的全过程。

1. 数据挖掘定义

数据挖掘是一种决策支持过程，主要基于人工智能、机器学习、模式识别、统计学、数据库、可视化技术等，高度自动化地对大量数据进行分析，做出归纳性的推理，从中挖掘出潜在的模式，为决策制定提供参考和支撑。

从技术角度看，数据挖掘是从大量的、不完整的、有噪声的、模糊的、随机的实际数据中，提取隐含在其中的、但又是潜在有用的信息和知识的过程。

从商业的角度看，数据挖掘是一种崭新的商业处理技术。其主要特征是对商业数据库中的大量业务数据进行抽取转化分析和模式化处理，从中挖掘出辅助商业决策的关键知识，即从一个数据库中自动发现相关商业模式。

数据挖掘是目前非常活跃的研究领域，其研究涉及人工智能和数据库等多门学科，多学科的相互交融与相互促进使得数据挖掘这门学科得到了蓬勃的发展，并且很快有了许多成功的应用。

2. 数据挖掘理论发展

1989 年 8 月，在第 11 届国际人工智能联合会议（IJCAI）上首次提出 KDD 概念，KDD 概念就是数据挖掘概念的前身。到了 1995 年，学术界和工业界共同成立了 ACM 的数据挖掘及知识发现专委会，并组织了国际数据挖掘与知识发现大会（ACM SIGKDD），ACM SIGKDD 随后逐渐发展成为数据挖掘领域的顶级国际会议。

国外在数据挖掘研究上，比较注重底层的基础架构，美国加利福尼亚州伯克利大学的 Canny 等人创新性提出 BID 大数据处理框架，融合了硬件、软件以及用于支撑大规模数据挖掘的设计模式，直接将单台 PC 处理数据的速度提高了数十倍。对于上层算法设计，国外学者纷纷提出不同的数据挖掘及处理方法，以解决传统分布式计算和并行计算中存在的问题。美国康奈尔大学的 Karthik Raman 和 Adith Swaminathan 等人对基于大数据的复杂分析作了深入探讨，采用分解的方法将复杂任务拆解为各简单子任务从而进行处理。社交网络分析和信息网络分析方面，国外研究趋势比较偏重基础和理论。2013 年，ACM SIGKDD 的最佳学生论文针对有限内存空间的利用进行了研究，并对网络聚类系数作了详细的理论证明和分析。在信息传播和网络内容分析相结合方面，美国斯坦福大学的 Jure Leskovec 等人做出了重要贡献，综合来看，国际数据挖掘大会中，Jure Leskovec 等人的文章在引用次数最高的范围之中。

目前国内数据挖掘方面的科研机构集中在一些科研单位和高校，主要有北京大学数据挖掘卓越中心、厦门数据挖掘中心、复旦大学数据挖掘实验室、中国科大博纳数据挖掘中心等。在分类学习方面，中科院的张鹏等人提出了一种新颖的 Ensemble – tree（E – tree）方法，利用类似 R – tree 的高度平衡的结构将流数据分类中集成学习的复杂度由线性降低到次线性。在无监督的聚类和话题学习方面，浙江大学的蔡登等人对非监督学习中特征选择的问题进行了研究，提出了一个高效的聚类方法 Multi – Cluster Feature Selection。对于从海量数据中挖掘出潜在规则和模式的问题，清华大学的王建勇研究了不确定性数据上判别模式的挖掘问题，提出了 uHARMONY 算法，直接从数据库中找出判别模式，无需进行耗时的特征选择，相比经典不确定分类算法在性能上提升了 4% ~10%。

目前国内外数据挖掘的研究仍然处于发展阶段，今后的发展方向预计主要有以下几个方向：

1）研究开发出一门专门描述数据挖掘的语言，例如 SQL 语言一样，形成形式化和标准化描述语言，促进数据挖掘更好的发展。

2）注重数据挖掘过程中可视化的研究，使得整个数据挖掘过程能够更好地被用户所接受，并且利于与用户的交互。

3）随着互联网的发展，互联网数据的高速增长，针对互联网的数据挖掘正成为一种新的发展方向。

4）如何更好地适应对非数据机构类型数据的开采，如图像视频数据等多媒体数据的开采。

3. 数据挖掘功能与分类

数据挖掘是一门综合性的学科，它结合了其他基础学科的一些重要理论，主要有以下功能。

1）分类。针对记录的特征和属性的差别，将数据中的记录分为不同的类别，并将不同的事物使用不同的类的标号来描述。

2）关联规则和序列模式发现。关联规则就是伴随一个事件发生，其他事件也可能发生的可能，那么这两个事件是存在关联的。序列模式发现是基于给定数据序列和最小支持度阈值，找出支持度大于或等于最小支持度阈值的所有序列。

3）聚类分析。抽取出数据内在的规律，并且按照这些规律将数据分类。

4）预测，根据对事物的分析，抽取出事物的规则，根据此规则对事物的性质做出预测。

5）偏差预测。对分析对象的少数的、极端的特例进行描述和分析，揭示内在的原因，并对数据预测值与实际值之间的差异做出预测。

数据挖掘的这些功能都是相互联系、相互影响的，在数据挖掘过程中彼此协作，共同发挥作用。

根据数据对象类型不同来划分数据源，可分为对象数据库、关系型数据库、空间数据库、文本数据库、多媒体数据库、异质数据库以及数据库。

数据挖掘也包含了不同学科的知识理论，例如数理统计、人工智能、数据仓库方法以及神经网络遗传算法。

数据挖掘功能用于指定数据挖掘任务发现的模式类型。模式的定义是对数据集的一种抽象的描述。数据挖掘中的模式主要分为两种，包括预测型模式和描述型模式。预测型模式就是以当前的数据集为基础，对未知数据的值进行预测。典型的预测型模式有分量模式和序列模式等。描述型模式是不能直接用于预测的，它主要对已有的数据集中所挖掘出的规则和模式给出一种具体的描述以及将相似的数据分为同一组。描述型模式主要有聚类模式和关联模式等。

模式的发现可以分为以下类别：

1）关联模式。关联模式是一种逻辑蕴含式（$X \rightarrow Y$），X 以及 Y 均是数据的属性取值的判定。

2）序列模式。序列模式是关联模式的扩展，这里不仅是表示数据间的关系，序列模式也要分析把数据间的关系同时间联系起来。由此可知，要想发现数据中的序列模式，不仅需要对事件发生的可能性进行判断，也要知道该事件发生的时间。

3）分类模式。分类模式就是从训练数据集上学习分类函数或建立分类模型，这个函数或模型可以将训练数据集中的数据和给定类中的数据进行映射，然后根据此模式对未知数据集进行分类。

4）聚类模式。聚类模式就是根据数据间不同和相似的特性，将数据分成不同的类别。

5）回归模式。回归模式整体的定义同分类模式类似，区别在于分类模式处理离散数据，而回归模式处理连续型数据。

6）偏差分析。偏差分析是针对异类数据进行检测分析，从而探测数据现状、历史记录或标准之间的显著变化和偏离程度，这个结果对于数据预测准确度的评价具有重要意义。

2.4　本章小结

本章通过文献分析法和理论研究法对国内外关于清洁能源采暖用户、电能用户管理等方面的研究现状进行了分析，确定了基本的研究方法，之后对清洁能源背景下电能用户管理创新相关理论进行了研究，包括清洁能源概念、电能替代理论、数据挖掘理论研究与电能用户管理分析方法，最终确定出了本书的研究方法，研究工具和响应清洁能源号召的研究思想，为后续研究奠定了理论基础与技术基础。

第3章

电力公司清洁能源用户管理的现状和环境分析

对于陕西省 A 电力公司而言，清洁能源采暖用户管理是电能替代工作的核心内容之一，而针对全省清洁能源采暖用户管理的研究分析必须立足于现实基础之上。为了深入研究清洁能源用户采暖改造工作对电力公司用户管理工作带来的影响，在建立了扎实的理论基础之后，本章将立足于 A 电力公司对目前公司清洁能源采暖用户管理现状进行分析，包括公司面临的宏观环境、微观环境分析，结合对陕西省清洁能源采暖用户运行情况进行全面分析，从公司层面对清洁能源用户管理工作目前运行中存在的问题进行分析。

3.1 电力公司清洁能源用户管理的现状

由于电力公司数量众多，本书选取了陕西省 A 电力公司为例进行研究。

截至 2019 年底，陕西省 A 电力公司资产总额 706.3 亿元，职工 2.2 万人；总装机 4650.76 万 kW；外送能力 1171 万 kW；最大负荷 2500 万 kW, 最大日用电量 5.12 亿 kW·h; 输电线路 4.52 万 km, 变电容量 11920 万 kV·A, 售电量 1253.5 亿 kW·h, 外送电量 410.11 亿 kW·h。

2019 年, A 电力公司统计区域内, 城市地区供电可靠率 99.934%, 综合电压合格率 99.999%。农村地区供电可靠率 99.776%, 综合电压合格率 99.932%。

2019 年, A 电力公司持续优化营商环境, 业扩报装减少用户投资 1.32 亿元, 大中型企业用户、低压小微型企业用户办电环节分别压减至 4 个、2 个; 投资 4293.22 万元, 完成 46 个贫困村电网升级改造, 通过定点帮扶实现 461 户、1426 人脱贫, 陕西省 "户户通电" "电力入户率" "村村通动力电" 完成率指标均达到 100%; 消纳新能源电力 143.54 亿 kW·h, 投资 1.1 亿元建设 "煤改电" 配套电网工程, 完成电能替代项目 1285 个, 替代电量 43.1 亿 kW·h。

A 电力公司营业区内清洁能源采暖用户电采暖设备户均容量为 1.63kW, 2019—2020 年采暖季期间 (11 月 15 日—3 月 15 日) 清洁能源采暖用户户均用电量达到 618kW·h, 总用电量将达到 4.38 亿 kW·h, 同比增长 9.5%, 其中采暖电量共计 1.67 亿 kW·h, 占总电量的比重为 38.02%。据此测算, 每年可减少散煤消耗 5.02 万 t, 减排二氧化碳 8.93 万 t、二氧化硫 2686t、氮氧化物 1343t。

3.2 电力公司清洁能源用户管理宏观环境分析

企业的宏观环境因素通常存在于企业外部, 是影响企业经营管理活动及其发展的各种因素与力量的总和，包括了政策、经济、社会、技术等与企业发展相关的因素。其中，政策因素是指企业在运营过程中需要考虑到的有关法律政策方面的因素；经济因素为国家的经济水平衡量指标所衡量的国家经济状况以及未来经济走向方面的因素；社会因素即人类聚集所构成的社会团体里成员的价值观念、信仰、文化传统以及形成的整个团体氛围和社会风气的集合；技术因素是指与企业生产制造活动有关的工艺水平、硬件设备研究、核心研发技术等相关的因素。这些因素与企业之间相互作用、不断变化，由短期内不为企业所支配的变量组成，是企业不可控制的因素。

陕西省电采暖的推广实施受到外部环境条件的影响较大，如环境保护政策、技术水平、经济适用性等在引导推动清洁能源背景下电能用户管理体系建设方面起着至关重要的作用。

3.2.1 政策环境

以电代煤战略将传统燃煤采暖的能源消费模式代替为电能采暖，通过能源消费方式的转变升级提高电能在终端能源中所占据的比例，目的是从根本上解决制约人类社会可持续发展的能源环境和气候变化问题。国家从终端能源消费结构调整、农村生活方式绿色化、生态环境改善的角度出发，大力鼓励和支持清洁能源采暖用户产业的发展。2019 年 10 月 15 日，国家发改委、国家能源局组织召开了"2019—2020 年供暖季能源保供工作电视电话会"，会议对清洁能源用户采暖改造工作提出具体要求：一是保暖保供工作，从实际出发，要坚持因地制宜，多措并举，宜电则电、宜气则气、宜煤则煤，保障北方地区广大群众温暖过冬；二是坚持以供定改，地方先保障供电能力再实施清洁能源用户采暖改造，精心选择清洁供暖方式；三是坚持底线思维、做好供暖季能源安全供应的风险防范。冬季清洁化既要快又要稳，不能搞大跃进，要保重点，要循序渐进，不能抢跑。

陕西省陆续出台了系列政策和低碳发展行动方案支持陕西以电代煤的开展实施。2019 年 4 月 11 日，陕西省人民政府办公厅印发《陕西省关中地区散煤治理行动方案（2019—2020 年）》（陕政办发〔2019〕14 号），方案对陕西产业结构优化、煤炭消费总量削减、清洁供暖持续稳步推进散煤治理和秸秆等生物质综合利用等方面提出要求，构建绿色发展模式，提升人民群众蓝天幸福感。2019 年 2 月 12 日，国家电网有限公司发布了《推进综合能源服务业务发展 2019—2020 年行动计划》，为新增电力市场主体提供了良好的生存条件。该文件指出国网公司将引领能源新技术应用、统筹布局综合能效服务、供冷供热供电多能服务、分布式清洁能源服务和专属电动汽车服务等四大重点业务领域。2019 年 4 月 11 日，陕西省政府在《关中地区散煤治理三年行动方案（2019—2020 年）》（陕政办发〔2019〕14 号）中提出，合理确定散煤治理方式，宜电则电、宜气则气、宜煤则煤、宜热则热，清洁能源采暖用户户用电能力达到 4～6kW。高效经济推进清洁能源采暖用户，到 2019 年 12 月底，关中平原地区基本实现应改尽改，山区农网整村连片改造任务完成 60%，其余 2020 年底前完成改造。目前，陕西省电网电力体制改革为电力市场开拓和清洁能源用户采暖改造项目推进提供了较好的政治环境。

（1）清洁能源采暖用户建设补贴方面

2017 年 5 月，陕西省财政厅等 5 厅局印发《关中地区铁腕治霾专项行动奖补办法》（陕财办〔2017〕38 号），对实施清洁能源用户采暖改造的城乡居民，给予每户一次性补助采暖设备费用1000 元；对不具备改造条件的农村地区，改用高效清洁炉具，给予每户一次性补助 300 元；对实施改造有困难的城区低保户及农村建档立卡贫困户，改用兰炭、洁净煤等清洁燃料，给予每户每年补助 300 元，连续补助三年。

其中，关中地区各地级市清洁采暖建设补贴政策如下。

2017 年 8 月，铜川市发改委发布《铜川市铁腕治霾专项行动散煤治理奖补资金发放实施细则》（铜发改环资〔2017〕298 号），鼓励城乡居民用电替代散煤，补助政策与全省政策相一致。

2017 年 8 月，《宝鸡市铁腕治霾专项行动奖补暂行办法》的通知（宝市财办发〔2017〕11 号），对实施清洁能源用户采暖改造的城乡居民，补助政策与全省政策相一致。对燃煤锅炉拆改的，省级按照 2 万元、市级 1 万元蒸吨的标准给予补助，政策执行期与全省政策相一致。

2017 年 9 月，《关于印发渭南市铁腕治霾专项行动奖补工作实施方案的通知》（渭财发〔2017〕267 号），对实施清洁能源用户采暖改造的城乡居民，补助政策与全省政策相一致。对20 蒸吨/h 及以上燃煤锅炉完成拆改的，补助政策与全省政策相一致。20 蒸吨/h 以下燃煤锅炉完成拆改的，省级按照 2 万元/蒸吨的标准给予补助，在此基础上，对除企业用户外的燃煤锅炉用户完成拆改的，市级再按 1 万元/蒸吨的标准进行奖补。政策执行期与全省政策相一致。

2017 年 11 月，西安市人民政府办公厅印发《西安市铁腕治霾财政奖补办法的通知》（市政办发〔2017〕103 号），燃煤锅炉拆除或实施清洁能源用户采暖改造，奖励标准为 3 万元/蒸吨，对驻西安部队燃煤锅炉拆改继续沿用 2016 年奖补标准（20 万元/蒸吨）。

2018 年 11 月，陕西省西咸新区财政局等五部门修订《陕西省西咸新区铁腕治霾财政奖补办法实施细则》部分财政奖补内容，对实施清洁能源用户采暖改造的城乡居民，给予每户一次性补助采暖设备费用 3000 元，城区和建制镇以及农村地区补助政策执行期为 2017 年 1 月至 2019 年 12 月底。

2018 年 11 月，咸阳市人民政府印发《咸阳市冬季清洁取暖试点城市实施方案的通知》（咸政发〔2018〕26 号），财政资金重点向农村居民用户倾斜，原则上每户财政补贴 5000 元，居民自筹 1000 元；财政支持的改造采暖面积不超过 $60m^2$，$60m^2$ 以外的改造费用由用户自筹。

（2）清洁能源采暖用户运行补贴方面

陕西省大力推行清洁能源采暖改造以降低煤炭在终端能源消费占的比例，为调动用户的改造意愿，实行了一系列补贴政策、居民电采暖电价优惠政策、居民峰谷电价优惠政策，以减缓居民冬季采暖的经济负担。2017 年 11 月 20 日，根据西安市铁腕治霾财政奖补办法精神，市财政局、市发改委、市民政局、市农林委、市铁腕治霾办等部门联合制定了《西安市城乡居民煤改清洁能源财政补贴发放实施细则》。对于购置电采暖设备并签订煤改洁合约

（协议）承诺书的城乡居民，在首个供暖季结束后，依据供暖期电费缴费凭证按照每度（kW·h）电 0.25 元一次性给予财政补贴，补贴金额最高不超过 1000 元。安装了峰谷分时计量表的居民同时享受峰谷电价补贴。政策执行期城镇地区为 2017 年 4 月 1 日至 2018 年 10 月 31 日，农村地区为 2017 年 4 月 1 日至 2019 年 10 月 31 日。

（3）居民采暖电价优惠政策

陕西省关于居民采暖电价优惠政策见表 3-1，对于不具备集中供暖条件，采用电锅炉、电地热、电热膜等方式采暖的"一户一表"居民用户，每年 11 月 1 日至次年 3 月 31 日用电量全部执行居民阶梯第一档电价，年内其他月份执行相对应的居民阶梯电价。采暖期间由阶梯电价升级为仅执行居民阶梯第一档 0.4983 元/kW·h，用多少电价都不涨。其他 7 个月仍执行阶梯电价，一、二档阶梯额度为 1260kW·h、2450kW·h。

表 3-1　陕西省居民采暖电价优惠政策

电价分类	正常居民电价	采暖季
第一档（180kW·h 及以下/月）	0.4983 元/kW·h	
第二档（181~350kW·h/月）	0.5483 元/kW·h	0.4983 元/kW·h
第三档（351kW·h 及以上/月）	0.7983 元/kW·h	

数据来源：《陕西省发展和改革委员会关于进一步明确我省居民电采暖用电价格政策的通知》（陕发改价格〔2020〕1450 号）。

（4）居民峰谷电价优惠政策

对于实行"一户一表"的居民用户（不含居民合表用户），政策优惠内容为以年为周期，一年内不作调整，居民生活用电峰

段为每日 8：00—20：00，用电价格在现行对应标准基础上每
kW·h 加价 0.05 元，居民生活用电谷段为每日 20：00—次日
8：00，用电价格在现行对应标准基础上每 kW·h 降低 0.2 元，见
表 3-2。

表 3-2　陕西省居民峰谷电价优惠政策

时段	电价变化
谷段（20：00—次日 8：00）	减少 0.2 元/kW·h
峰段（8：00—20：00）	减少 0.05 元/kW·h

数据来源：《关于调整我省居民生活用电峰谷时段划分的通知》（陕价商发〔2018〕83
号）。

城乡居民用户选择执行峰谷分时电价后，每年 11 月 1 日至次
年 3 月 31 日用电量不再执行居民阶梯电价政策，但年内其他月份
应执行相对应的居民阶梯电价。

通过实行峰谷电价优惠，峰谷时段均为 12h，各占一半。采
暖期间在取消居民阶梯电价的基础上执行峰谷，峰段电价为
0.4983 + 0.05 元/kW·h，谷段电价为 0.4983 ~ 0.2 元/kW·h。白
天（峰段）用电只要不超过晚上（谷段）用电的 4 倍，电价均能
降低。其他 7 个月在阶梯电价基础上执行峰谷，一、二档阶梯额
度为 1260kW·h、2450kW·h。

（5）陕西各地市运行补贴情况

陕西省各地市政府对认定的清洁能源采暖用户实施用电补贴，
具体补贴情况见表 3-3。

表 3-3 陕西省各地市用电补贴政策

地区	最高补贴金额	优惠补贴折算后的降价幅度和电量
西安	1000 元/户	按每 kW·h 0.25 元补贴，最高不超过 1000 元。用户最多可享受 4000kW·h 低价电。居民峰谷电价可降至：峰段 0.2983 元/kW·h，谷段 0.0483 元/kW·h
西咸	1000 元/户	按 1000 元/户 的标准补贴。若按每 kW·h 0.25 元计算，同样可享受 4000kW·h 的低价电。居民峰谷电价可降至：峰段 0.2983 元/kW·h，谷段 0.0483 元/kW·h
渭南	800 元/户	运行费超过 200 元的，对超出部分最高补助 800 元。若按每 kW·h 0.25 元计算，用户最多可享受 3200kW·h 低价电。居民峰谷电价可降至：峰段 0.2983 元/kW·h，谷段 0.0483 元/kW·h
咸阳	500 元/户	按每 kW·h 0.2 元补贴，每户最高补贴电量 2500kW·h。居民峰谷电价可降至：峰段 0.3483 元/kW·h，谷段 0.0983 元/kW·h
铜川	500 元/户	按每 kW·h 0.2 元补贴，最高补助 500 元。同样可享受 2500kW·h 低价电。居民峰谷电价可降至：峰段 0.3483 元/kW·h，谷段 0.0983 元/kW·h
宝鸡	300 元/户	补贴标准为每户每年 300 元。若按每 kW·h 0.2 元计算用户最多可享受 1500 度低价电。居民峰谷电价可降至：峰段 0.3483 元/kW·h，谷段 0.0983 元/kW·h

数据来源：《西安市财政局等五部门关于调整西安市城乡居民煤改清洁能源财政补贴发放实施细则的通知》（市财发〔2018〕124 号）；《咸阳市城镇地区清洁能源采暖用户三年工作方案（2019—2021 年）》（咸政办发〔2019〕66 号）；《铜川市散煤治理工作实施方案（2019—2020 年）》（铜政办发〔2019〕19 号）；《2019 年全市农村清洁能源替代工作实施意见》（宝政办发〔2019〕43 号）；《渭南市人民政府办公室关于印发渭南市散煤治理暨"双替代"工作实施方案的通知》（渭政办发〔2019〕60 号）。

从整体来看，陕西省大力推行电代煤工程并出台系列行动方案进行总体布局，为陕西省 A 电力公司电力市场开拓和清洁能源用户采暖改造项目开展提供了较好的政治环境。作为陕西省电网规划、建设和运营的公用事业企业，承担着为陕西经济社会发展和城乡广大电能用户提供安全可靠电力供应的重要职责，国家及地方出台的关于能源结构调整、电力体制改革发展的有关法规政策对 A 电力公司推动清洁能源用户采暖改造开展提供了有力的保障。

就居民用户而言，进行清洁能源用户采暖改造面临的主要问题就是投资及运行花费过高，陕西省政府通过出台相关运行补贴政策减缓居民冬季采暖成本压力，在一定程度上能够调动城镇居民煤改清洁能源的积极性。但目前清洁能源采暖用户大面积推广实施仍存在阻力，在价格敏感型的农村供暖市场，成本费用是农村用户选择清洁供暖项目产品的重要参考标准。在现行的补贴政策条件下，农村居民的改造意愿普遍较低。陕西省清洁能源采暖用户中农村居民群体占比较大，电代煤建设工程的全面推广实施，需要从需求侧用户的角度考虑，进一步优化采暖补贴政策和电价优惠政策。

同时，A 电力公司作为清洁能源用户采暖改造落地实施的主体，也面临着巨大的运营压力。电网企业一方面要承担高额配套电网建设成本，另一方面要承担执行电价优惠政策带来的电费损失，短期内电网运行效益会呈现下滑的趋势。A 电力公司需要适应新形势、新环境，面对新挑战调整传统发展战略，借助电能替代和"互联网 +"实现企业转型升级。

3.2.2 经济环境

经济环境，即构成企业生存和发展的社会经济状况和国家经济政策，是影响消费者购买能力和支出模式的因素，包括经济发展水平、经济体制、地区及行业发展状况、消费者收入水平及消费结构等。经济环境是企业发展的根基和用户消费能力的先决条件，与企业的生存和发展息息相关。通过对经济环境的研究，企业可以捕捉市场机会，开拓经营新局面，同时预见环境中的不利因素规避风险。

在前期文献研究及试调研的基础上，发现影响清洁能源采暖用户进程和电力终端消费的经济因素主要有宏观经济水平、经济结构以及用户消费能力。为更好地衡量陕西省电代煤潜力寻求市场突破点，在对陕西省清洁能源用户采暖改造的经济环境分析中，主要从省内经济总量及各地市 GDP、产业结构占比情况、城乡居民人均可支配收入、电力消费数据四个方面进行展开，从宏观角度把握陕西省整体经济状况。

（1）陕西省经济总量

陕西省近年经济总体上保持中高速增长、低膨胀的良好局面，经济形势稳中向好。2013—2019 年，陕西省 GDP 年均增速 8.5%，高于全国平均增速。2018 年，陕西省 GDP 为 24438.3 亿元，同比增长 11.6%；2019 年陕西省 GDP 为 25793.17 亿元，同比增长 5.5%，如图 3-1 所示。

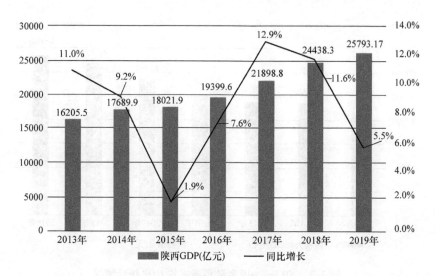

图 3-1 　2013—2019 年陕西省 GDP 及增速情况

（数据来源：2013—2019 年《陕西统计年鉴》国民经济核算，陕西省统计局）

伴随着经济总量持续上升，陕西省人均 GDP 也稳步提高，接近全国平均水平。2018 年陕西省人均国内生产总值达到 63477 元，人均 GDP 从 1952 年相当于全国的 71.4% 提高到 98.2%，几乎与全国平均水平保持一致；2019 年，陕西人均 GDP 为 67000 元，同比增长 5.3%。从图 3-2 可以看出陕西省人均生产总值呈现稳步上升的趋势，全省经济持续健康发展。

陕西省各市区经济总量呈现较大差异，地区发展不平衡，如图 3-3 所示。从主要经济指标看，2018 年，关中生产总值分别为陕北、陕南的 2.8 倍、4.4 倍；地方财政收入分别为陕北、陕南的 1.8 倍、9.9 倍。2018 年 GDP 总量最大的是西安市，是第二名榆林市经济总量的 2 倍有余，更是铜川市的 27 倍。经济增速来看，2018 年安康市以 10.2% 的速度位于第一，而铜川市仅仅为 6%。

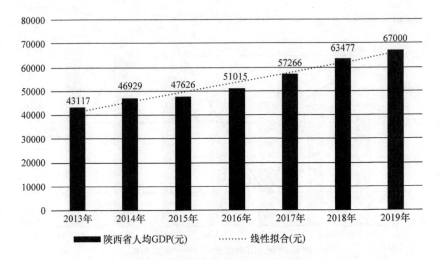

图 3-2　2013—2019 年陕西省人均 GDP 统计情况

（数据来源：2013—2019 年《陕西统计年鉴》国民经济核算，陕西省统计局）

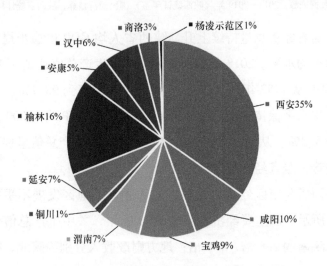

图 3-3　2018 年陕西各市区生产总值占比情况

（数据来源：《陕西统计年鉴—2018》国民经济核算，陕西省统计局）

人均 GDP 来看榆林市超过了西安市位居第一，而渭南市以 33009
的数据位于最后一位，而陕西省人均 GDP 在 4 万元以下的地级市
只有渭南市和商洛市。

整体而言，陕西省的经济总体状况是呈现一个良好的发展趋
势，为电网综合能源服务公司的发展提供了较好的经济环境。

（2）陕西省产业结构

从经济结构情况来看，陕西省三次产业持续优化升级。2018
年，全省第一产业增加值 1830.19 亿元，增长 3.2%；第二产业
12157.48 亿元，增长 8.7%；第三产业 10450.65 亿元，增长
8.8%；全省产业结构为 7.5:49.7:42.8。

如图 3-4 所示，2019 年，陕西省第一产业增加值 1990.93 亿
元，增长 4.4%，较上年加快 1.2%，占 GDP 的 7.72%；受年初
能源生产安全事故影响，全省工业经济低位开局，省委、省政府
适时出台工业稳增长促投资推动高质量发展等多项措施，工业
增加值增速逐季回升，第二产业增加值 11980.75 亿元，增长
5.7%，占 GDP 的 46.45%；第三产业发展稳定，增加值为
11821.49 亿元，增长 6.5%，占 GDP 的 45.83%；全省产业结构
为 7.7:46.5:45.8。

从表 3-4 列出的陕西省历年产业增加值数据来看，第一产业
在生产总值中占比较小，增速也较为缓慢；第二产业和第三产业
占比较大，增长速度较快。近两年第三产业相比第二产业的涨幅
更为明显，一定程度上为陕西省制造业给出从生产型向生产服务
型转变的市场信号，在供给侧改革环境下，地方电网企业也需要
改善供给体系质量和效益，顺应消费结构升级。

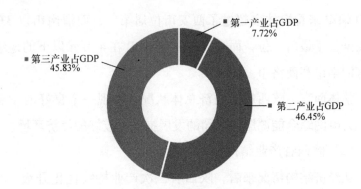

图 3-4　2019 年陕西省地区生产总值产业结构占比情况

（数据来源：2018、2019 年《陕西统计年鉴》国民经济核算，陕西省统计局）

表 3-4　2010—2019 年陕西省各产业增加值统计表

单位：亿元

年份	第一产业	第二产业	第三产业
2010	988.5	5446.1	3688.9
2011	1220.9	6935.6	4355.8
2012	1220.9	6935.6	4355.8
2013	1461	8912.3	5832.1
2014	1564.9	9577.2	6547.8
2015	1597.6	9082.1	7342.1
2016	1693.9	9490.7	8215
2017	1741.5	10882.9	9274.5
2018	1830.2	12157.5	10450.7
2019	1990.9	11980.8	11821.5

（数据来源：2010—2019 年《陕西统计年鉴》国民经济核算，陕西省统计局）

在产业增加值整体上升的趋势下，陕西省各区域产业结构差异却较为明显，呈现不均衡的状态。2018 年西安市第一产业增加值 258.82 亿元，增长 3.3%；第二产业增加值 2925.61 亿元，增长 8.5%；第三产业增加值 5165.43 亿元，增长 8.3%；产业结构为 3.1∶35.0∶61.9。宝鸡市第一产业增加值 163.39 亿元，增长 2.7%；第二产业增加值 1434.07 亿元，增长 7.4%；第三产业增加值 667.70 亿元，增长 8.2%；产业结构为 7.2∶63.3∶29.5。咸阳市第一产业增加值 284.97 亿元，增长 3.0%；第二产业增加值 1352.92 亿元，增长 7.0%；第三产业增加值 738.56 亿元，增长 8.6%；产业结构为 12∶56.9∶31.1。渭南市第一产业增加值 296.80 亿元，增长 3.2%；第二产业增加值 742.28 亿元，增长 7.2%；第三产业增加值 728.64 亿元，增长 8.7%；产业结构为 16.8∶42∶41.2。铜川市第一产业增加值增长 3.1%，第二产业增长 4.9%，第三产业增长 7.4%；产业结构为 7.5∶43.2∶49.3。

纵观陕西省各地区发展数据，除了西安市和铜川市以外，大部分的地级市第三产业都远远落后于第二产业的经济产值。细分到第一、二、三产业来看，占比最高的分别是渭南市、西安市、西安市，而最低的都是铜川市。可见，陕西省近年经济呈现稳步回升的趋势，但资源投入及发展重点主要集中在制造加工业，在向服务业转型的经济时代中，陕西省仍需持续优化经济结构、增强发展活力、将经济向高质量发展推进。

（3）陕西省城乡居民收入

随着陕西省经济高速发展，民生保障水平持续提升，城乡居民收入保持较快增长。2018 年，陕西城镇居民人均可支配收入 33319 元；陕西农村居民人均可支配收入 11213 元。2019 年，陕西城镇居民人均可支配收入 36098 元，同比增长 8.3%，增速位列全国第 11 位；陕西农村居民人均可支配收入为 12326 元，比上年同期增加 1113 元，收入增长 9.9%，如图 3-5 所示。

图 3-5 2013—2019 年陕西省城乡居民人均可支配收入统计

（数据来源：2013—2019 年《陕西统计年鉴》人民生活，陕西省统计局）

对比分析陕西省近年城乡居民收入增长与陕西省生产总值增长情况，可得居民收入增速低于经济发展速度。2013—2018 年，陕西省生产总值年均增长 8.7%，而城乡居民收入剔除价格因素实际增速分别为 6.8% 和 8.2%，生产总值的增速长度远远高于居民收入增速。

在城乡居民人均可支配收入整体保持稳步增长的趋势下，城镇和农村居民的收入差距却在不断扩大，城乡发展存在不平衡的现象。陕西省城市居民的收入由 2013 年的 22346 元增长到 2019 年的 36098 元；农村居民的收入 2013 年的 7092 元增长到 2019 年的 12326 元。虽然城乡居民收入比从 2013 年的 3.27∶1 逐步下降到 2019 年的 2.93∶1，但城乡居民收入绝对差距不断扩大，从 16154 元增加到 23772 元。农业是我国的第一产业，也是基础性产业，城市和农村在收入方面存在差距的将会严重影响到农村居民的生产动力，进而会阻碍"三农"产业的建设，从而也会影响我国第二、三产业的发展。

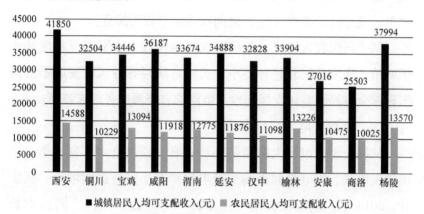

图 3-6　2019 年陕西各地市城乡居民可支配收入

（数据来源：《陕西统计年鉴—2019》人民生活；陕西省统计局）

从图 3-6 可以看到，受地理环境、历史发展基础等因素影响，陕西省各区域经济发展不均衡。城乡居民收入水平与经济发展水平高度相关，三大区域中包括西安、宝鸡、渭南、咸阳等市的关中地区收入最高；包括延安、榆林地区的陕北次之；包括汉中、安康等市的陕南地区居民可支配收入最低。三大区域城镇居民收入全部高于农村居民收入，但关中城乡收入绝对差距最大，陕南最小；同时，关中地区各市之间收入差异也较大，陕北、陕南各市收入水平相对较为均衡。

2019 年，西安市城镇居民人均可支配收入为 41850 元，铜川为 32504 元，宝鸡为 34446 元，咸阳为 36187 元，渭南为 33674 元；农村居民人均可支配收入西安、铜川、宝鸡、咸阳、渭南分别为 14588 元、10229 元、13094 元、11918 元和 12775 元。关中地区的城镇收入普遍高于农村居民收入，且经济越发达的地方，城乡居民收入差距越大。从三大区域内各市的平均收入看，经济水平较低地区的各市（区）之间收入水平较为接近。

基于居民收入情况，各地区农村居民收入水平差异程度要小于城镇，陕南、陕北差异要小于关中。陕西省各区域发展不协调阻碍着全省经济整体发展，也为电网综合能源服务带来难题。

（4）陕西省电力消费情况

从国内电力市场大的经济环境来看，经过电力体制改革，全国的发电量、用电量和市场交易电量都有了较高速的增长。据统计，2018 年，全国社会用电量累计 68449 亿 kW·h，同比增长8.5%，增速比上年提高 1.5 个百分点，为 2012 年以来最高增速，电网企业销售电量 55677 亿 kW·h，同比增长 9.4%。2018 年，全国电力市场交易电量（含发电权交易电量）合计为 20654亿 kW·h，同比增长 26.5%，市场交易电量占全社会用电量比重为 30.2%，较上年提高 4.3%，市场交易电量占电网企业销售电量比重为 37.1%。

2017 年，电力消费总量较 2016 年增长 6.6%，其中，天然气、水电、核电、风电等清洁能源消费量占陕西省能源消费总量的20.8%，上升 1.3%。陕西省发改委公布的 2017 年全社会用电量见表3-5。2017 年陕西省用电量达到 1350.67 亿 kW·h，同比增长 16.27%，高于经济增速，能够有效保证经济社会发展。其中第一、二、三产业用电量分别达到 38.71、853.8、225.46 亿kW·h，同比增长 3.24%、8.19%、13.22%；第二产业用电量占据了陕西省用电量的绝大部分，占比 63.21%。

表 3-5　2017 年陕西省用电量情况

项目	绝对量/亿 kW·h	占总电量比值	同比增长
陕西省用电量	1350.67	100.00%	16.27%
第一产业用电量	38.71	2.87%	3.24%
第二产业用电量	853.8	63.21%	8.19%
工业用电量	824.28	61.34%	8.67%
第三产业用电量	225.46	16.69%	13.22%
城乡居民生活用电量	210.67	15.60%	13.22%

（数据来源：《陕西统计年鉴—2017》能源，陕西省统计局）

可见，陕西省电力市场交易规模呈持续走高趋势，伴随着经济发展水平提升财政收入扩大化居民电力消费需求提高。

综上，陕西省经济环境和全国电力市场经济大环境整体向好，随着人民生活水平的不断提高，必然能带来电能消耗的绝对增长，为煤改清洁能源等节能服务的发展提供了广阔的市场空间。

陕西省经济总量和人均 GDP 的持续上升，为陕西省 A 电力公司开展清洁能源用户采暖改造提供了良好的运行环境。但陕西各区域经济发展不平衡的现状，同时也给清洁能源用户采暖改造的全面推广带来了难题。清洁能源用户采暖改造的实施难度与地区经济水平呈正相关，经济发达地区配套电网投资建设情况更为理想，居民对电采暖的接受程度也相对较高。关中地区中，西安GDP 总量远超于其他市区，良好的资源基础有利于清洁能源采暖用户市场的开拓；铜川的生产总值出于较低水平，电力公司在铜川推行清洁能源采暖用户相较于其他地区阻力会更大。基于区域经济发展的现实环境，A 电力公司可考虑根据各地市经济水平选取经济发达地区优先进行清洁电能采暖改造，形成"示范效应"，再扩大辐射范围全面推广清洁能源用户采暖改造。

结合陕西省产业结构分布情况，工业和服务业占比较大，且近几年服务业涨幅明显，居民生活用电作为第三产业层级将迎来新一轮消费升级浪潮。同时，电网企业也应认识到在陕西省经济整体增值的趋势下各地市产业布局仍存在差异化现象。西安市第三产业占比远超第一、二产业；渭南和铜川第二、三产业占比相当；咸阳和宝鸡第二产业所占比例远大于第三产业，故 A 电力公司在各市区开展清洁能源用户采暖改造时应综合考虑各区域经济结构状况，因地制宜有序推进清洁能源用户采暖改造工作实施。

根据居民用户电力消费能力情况，城乡居民收入整体保持增长，居民用户对于电能改造的价格承受能力会逐步增强，对陕西省电采暖推广将起到一定的促进作用。但由于城镇及农村居民收入的差距，农村居民的清洁能源用户采暖改造意愿普遍处于较低水平，特别是铜川地区，A 电力公司在推行电采暖时需要考虑该地区人群的消费能力，提供更为充分的经济优惠，以保障偏远山区村户的冬季采暖。居民人均可支配收入作为影响电力消费的因素，能在极大程度上为清洁能源采暖用户的发展趋势预测提供依据，电网企业可结合居民收入的现实情况制定清洁能源采暖用户实施计划稳步推进清洁能源替代建设。

总的来说，陕西省经济运行态势持续向好，用电市场需求巨大，三大产业与城乡居民生活用电量增长迅速，同时，陕西省市场交易电量占比在全国中排名并不高，伴随着电力体制改革，陕西省市场交易电量的比例有望进一步提高，A 电力公司的清洁能源采暖用户市场发展前景明朗。

3.2.3 社会环境

社会环境,即人类生存及活动范围内的社会物质、精神条件的总和,包括社会的政治、法律、人口、文化等环境因素。通过对社会环境的分析,企业可以对社会主流倾向有一定把握,从而制定相适应的战略扩大市场。

根据文献分析结果和陕西省 A 电力公司清洁能源用户采暖改造推进情况,对陕西省煤改清洁能源进程影响较大的社会因素主要有城乡人口规模及城镇化水平、居民住房面积、采暖情况和低碳环保意识。因此,主要从这几方面入手对 A 电力公司电能替代工程的社会环境进行分析。

(1)城乡人口规模

陕西省人口在数量上呈现逐年递增的趋势,从 2010 年的 3735万人增长至 2019 年的 3876 万人,全省常住人口规模进一步扩大。如图 3-7 所示,2019 年末全省常住人口 3876.21 万人,较 2018 年增加 12 万人;其中城镇人口 2303.63 万人。2019 年中国城镇化率首次突破 60%,陕西城镇化率稍低于全国平均水平,城镇人口占常住人口比重为 59.4%;从年龄情况看,0~14 岁人口占14.65%,15~64 岁人口占 73.51%,65 岁及以上人口占 11.84%。

陕西省各地市的常住人口数量差别较为明显,如图 3-8 所示,定位于国家中心城市的西安常住人口最多,超过 1000 万;超过500 万、400 万各有一个地级市渭南、咸阳;超过 300 万的有宝鸡、汉中、榆林;超过 200 万的有安康、商洛、延安;而面积最小的铜川常住人口不足 100 万。

53

图 3-7　2010—2019 年陕西省常住人口及城镇人口比重

（数据来源：2010—2019 年《陕西统计年鉴》人口，陕西省统计局）

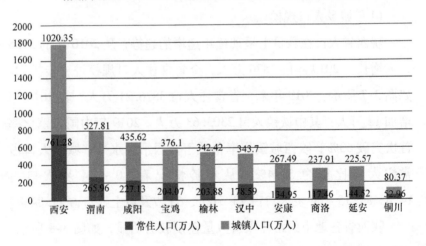

图 3-8　2019 年陕西各市常住人口及城镇人口统计

（数据来源：2010—2019 年《陕西统计年鉴》人口，陕西省统计局）

从城镇化率情况来看，2019 年陕西各地市的城镇人口占比从高到低分别为：西安城镇人口占 74.61%、铜川占比 66.07%、延安占比 64.07%、榆林占比 59.54%、宝鸡占比 54.26%、咸阳占比 52.14%、汉中占比 51.96%、安康占比 50.45%、渭南占比 50.39%、商洛占比 49.37%。人口增量和城镇化率是地区社会发展的重要衡量指标之一，陕西部分地市城镇化仍处于比较低的水平，一定程度上限制了区域的经济社会发展。

（2）城乡家庭居住情况

1）住房面积。从陕西省城乡居民历年居住情况统计数据来看，城乡家庭平均每户居住人口都为 3 人。2018 年，城镇居民平均每人建筑面积为 38.2m²，是 1987 年的 7 倍。农村居民平均每人建筑面积为 41.5m²，是 1987 年的 4 倍，且农村地区的房屋多为自建住房。可见，城乡居民人均住房面积都在快速增加，如图 3-9 所示。住房面积不断增加的同时，城乡居民对室内装修、使用功能、居住环境、配套设施、住房质量和物业服务等方面的要求越来越高，居住条件不断改善，各项支出大幅增加。住房的需求已从有房住逐步向住大、住好、住舒适转变，居住条件和环境发生了质的变化。

2）采暖情况。陕西城镇冬季采暖设备中，自行采暖占比 46.3%；由市政或小区集中采暖占比 44.4%；无采暖设备的户数占比 9.3%。

陕西农村居民采暖设备主要集中在自行采暖，2018 年自行采暖占比为 73.8%，不过相较于 2017 年的 86.6% 有所下降；乡村地区由市政或小区集中采暖的比例较低，只占 0.4%；并且有相当部分的农村居民无采暖设备，所占比例为 25.8%。可见农村地区的

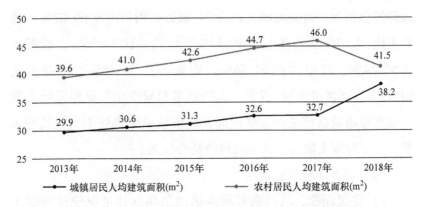

图 3-9 2013—2018 年陕西省城乡居民人均建筑面积情况

（数据来源：2010—2019 年《陕西统计年鉴》人民生活，陕西省统计局）

采暖主要是用户自行解决，农村居民通常会利用农作物时所产生的非农作物产品如秸秆进行燃烧采暖，或者采用燃煤采暖。由于住房密集度相对较低，集中采暖在农村地区开展有难度。

3）节能环保观念。在环境问题日益凸显的今天，陕西省居民低碳环保观念普遍增强，伴随着科技发展人民的生活水平不断提高，传统消费方式也在向绿色消费模式转变。居民对节能消费意识有所提高，愿意为节能付出一定的成本。

居民对于企业对环境造成的破坏忍耐度不断降低，尤其是周边居民对电力企业提出了更高的环保要求。这就要求电力企业在生产销售过程中更加注重节能环保，为周边居民提供一个良好、舒适的居住环境，以此赢得广大居民用户对电力公司的支持。

通过以上社会环境的分析，A 电力公司开展电代煤工程存在以下优势。

陕西省人口规模的稳定增长，为陕西省未来电力需求的增长趋势提供了重要判断依据，人口增长必然带来采暖市场的需求扩大化，尤其是西安、渭南和咸阳的人口体量较大，相应采暖市场也会存在需求缺口，A 电力公司可以"按需定给"的思路制定合理的配电输送计划。

面对陕西各地市城镇化水平和采暖方式的差异，比如咸阳、汉中、渭南的城镇化率远赶不上西安，由于农村地区土地广阔，居民所处的居住位置相对比较分散，各村户主要采用自行采暖，若实行集中供暖铺设电网，实际享用户数就比较少，易造成资源浪费，A 电力公司可针对不同地区的农村居民采暖需求差异，分地区统一电采暖设备配置，实行标准化建设。

随着城乡家庭住宅面积不断增长，住房结构不断完善，居民住宅的品质明显上升，呈现从刚性需求向改善型需求过渡的趋势。电采暖由于其清洁、安全、高效的优势与居民住房舒适度的要求相符，A 电力公司可以抓住居民对住房舒适度要求与日俱增的市场机会，加大对电采暖的宣传力度，激发居民用户煤改电积极性。

整体来看，无论是从企业自身、用户需求、社会环境的角度，目前陕西的能源替代发展环境处于一个较为稳定、良好的状态，为 A 电力公司清洁能源用户采暖改造推进提供了良好的发展空间。

3.2.4　技术环境

近年来，伴随着终端能源消费结构转型升级，我国不断加大电力科技研发和能源替代技术研究的投入力度，注重加强电力输送、电网建设以及清洁能源供暖等关键技术的自主研发，相关核心技术的自主掌握对电网企业输电、变电、配电以及售电工作展开提供了支持。

清洁供暖技术具有能量转换效率高、集中供暖体量大、系统配置灵活度高等特点，能有效解决冬季城市雾霾问题。在我国北方地区清洁供暖需求不断加强以及节能减排要求日趋严格的背景下，分析能源替代相关技术、清洁能源供暖技术和电网建设技术，有利于加快能源替代实施进程、推动示范工程建设，为政府加快理顺城市供热价格、合理制定清洁供热价格机制提供参考，为电网企业的发展和清洁能源用户采暖改造的推动奠定技术基础。

（1）电网调度技术

当前，电力系统在进行电力输送过程中，经常遇到各种技术原因而使电网建设陷入各种困境之中。为能有效克服这些困难，使得电网建设尽快走出这些困境，尽可能地促使我国电力输送的供电能力及安全性能得到有效提高，我国在电网建设方面积极推广应用各种新技术，从而有效促使我国电网技术水平及综合效益得到大力提高，确保电力系统能够安全稳定地运行。

目前，电网调度中有以下三种电力输送新技术。一是紧凑型输电技术，这种输电技术是通过优化排列导线，在同一塔窗内放置三相导线，且无一接地构件存在于三相导线之间。二是同杆双回输电技术，这种输电技术在设计过程中，需要着重解决雷击故障、电磁环保、线路机械故障、线路检修与维护、带电作业等技术问题。当前这种输电技术在我国输电线路走廊紧缺地区已得到了广泛应用，若双回输电线路在两三年内要进行先后建设，则应优先建设同杆双回输电技术。三是串补及可控串补技术，这种输电技术适用于长距离、大容量的输电系统建设之中，可加快工程进度并节约建设成本，因而可带来极为显著的社会经济效益。当前，这种串补和可控串补装置，我国已能进行自主设计和成批生产。

基于此，最近几年以来，供电企业积极地把各种先进技术应用于电网建设之中，带来了电网公司的持续快速发展，为电代煤工程中电力输送提供了技术保障。

（2）电采暖技术

1）直热式电采暖技术。直热式电采暖技术是指将电能由电热设备转换为热能并直接供热的一类技术，采用发热板或电阻丝直接加热而不经过水油等第二介质，具有调节灵活、分散控制、节约能源的特点，易于实现分区、分时控制，在学校、医院、办公场所等间歇性供暖的场合有较大的市场潜力。

直热式电采暖设备有电锅炉、电热油汀取暖器、碳晶电暖器、踢脚线式电加热器、多功能暖风机和小太阳取暖器等。直热式电采暖设备的发热元件主要有发热电缆、电热膜、碳晶板和碳纤维等，其中发热电缆热转换效率接近 100%，采暖效果比较好。

这种采暖技术的优点是升温快、噪声小，分户供暖、分室调温，能够产生辐射热、使人体感舒适，无需水循环、不需专门维护，清洁、安全。缺点是对电网供电可靠性要求高、发热不均匀、电能消耗大、运行费用较高，采暖成本的提升对推行清洁能源采暖有一定影响。因此该类采暖设备适用于有分区域调温、间歇性采暖需求的应用场景，例如中小学校、办公场所等。

2）蓄热式电采暖技术。蓄热式电采暖技术是指将电能转换为热能并存储于蓄热介质中，并由蓄热介质释放热能以满足用户用热需求的技术。热源与蓄热介质是蓄热式电采暖技术的核心部分，像空气能热泵使用电能作为辅助能源，主要热源为空气中的低温热能，将低温热能收集转化为水热来采暖。

蓄热系统按蓄热方式的不同又分为全量蓄热和分量蓄热两种，全量蓄热就是利用谷电时段的电价优势，把全天所需热量全部蓄存，做到非谷时段不用电。分量蓄热就是在谷电时段蓄存部分热量，以尽量减少峰电、平电的使用。

全量蓄热虽能最大限度发挥峰谷电的经济效益，但所需设备容量大，初投资高，资金回收期长。分量蓄热设备容量较小，初投资较为合理，但电费成本相对较高。在实际工程中，在选择全量或分量蓄热方式时，要考虑当地的阶梯电价因素和项目的实际需要，结合工程造价情况，通过经济分析和综合考虑，达到投资和效益的平衡。

（3）电网互联技术

随着时代的进步与发展，现代电网规模不断扩大，相应的电力数据体量也呈现出明显的增长趋势。电力大数据包含的数据信息涉及电网运行的各个环节，如发电、电能输送、电能耗管理、智能表、传感器等，电力大数据能够全面、实时反映电网运行情况，同时为电力企业决策提供重要依据。

电网互联技术可将电力用户、电网企业、发电企业、供应商及其设备进行相互连接，产生共享数据，从而有效为电力用户、电网与发电企业以及供应商等提供相应服务。国家新提出的"能源互联网"战略目标中，也着重强调加强坚强智能电网与泛在电力物联网的建设。为此，需要不断实现电力科技创新，通过对大数据技术、云计算技术、物联网技术等各种现代信息技术进行充分利用，实现电力系统各环节万物互联和人机交互，以有效提高信息的传输与处理效率，搭建应用性能强大、操作便捷、灵活性良好的职能服务系统，以便可以更好地践行建设泛在电力物联网的目标，早日实现电网智能化，为规划建设、生产运行、经营管理、综合服务、新业务新模式发展、企业生态环境构建等各方面，提供充足有效的信息和数据支撑。

综上，我国电力科技整体水平和清洁供暖技术都有了进一步的创新进展，A电力公司实施清洁能源用户采暖改造的技术环境较为优越，清洁能源采暖用户市场存在着很大的发展空间，但同时也存在潜在威胁需要公司制定决策进行规避。

在清洁能源推广与清洁能源用户采暖改造的背景下，传统的电网输电配电能力出现供应不足的情况，陕西省用电需求将大幅增长。对于电网调度各种新技术和新设备的接入，陕西省还处于相对滞后的水平。因此，A电力公司应加快电网建设新技术的推广应用，加大资金投入，对电网设施薄弱的地区进行全面改造。从而降低电力工程投资成本和施工成本、避免各种电力故障的发生、为清洁能源采暖用户居民用户提供更稳定更可靠的电能。

面对多种清洁能源供暖技术，A电力公司需要充分发挥电采暖技术的优势，进行完善优化以争取更大市场。在直接电热的电采暖设备不节能且只有供暖单一功能的条件下，A电力公司需要根据采暖对象所处地区具体实际情况选择最适宜的电采暖技术设备，避免出现运行故障和运行费用过高的现象。同时，考虑将蓄热式电采暖技术设备可充分利用夜间谷电时段电力蓄热，降低用电及供热成本的优势利用起来，将该技术和电价政策相配合，提升用户采暖改造意愿，加速推进电能替代工程。

A电力公司现有的电力体系智能化和信息化建设不足，部分数据收集仍需借助人工采集，还存在着数据体量小、难获取、真实性低、价值密度小的缺陷。通过泛在电力物联网建设，A电力公司可收集海量的基础数据存储于升级后的数据中心，实现基础数据下沉，通过海量数据集合挖掘出有价值的信息。充分应用"大云物移智链"等新技术，发挥电网的枢纽作用和泛在电力物联网的联接作用，实现电网互联。通过信息系统和大数据分析用户的用电规律，挖掘潜在用户群，实现电采暖技术全面推广，加快电能替代步伐，实现终端能源消费方式变革。

3.3 电力公司清洁能源用户管理的微观环境分析

微观环境是指公司本身的运营过程中能够或部分能够自我把控的影响企业效率的因素，是指与企业紧密相连、直接影响企业营销能力和效率的各种力量和因素的总和，主要包括企业自身、消费者、供应商及竞争者等。其中，企业自身分析主要指企业内部环境，企业内部各职能部门的工作及其相互之间的协调关系，直接影响企业的业务活动；消费者分析为企业要注重对顾客进行研究，分析顾客的需求规模、需求结构、需求心理以及购买特点，这是企业营销活动的起点和前提；供应商分析是指针对供应商提供的对企业进行生产所需而提供特定的原材料、辅助材料、设备、能源、劳务、资金等资源的变化分析，直接影响到企业产品的产量、质量以及利润，从而影响企业业务计划和业务目标的完成。

陕西省电采暖的推广实施与企业自身、消费者（电力用户）、供应商及竞争者等因素密切相关。用户的核心诉求、与供应商的议价能力、竞争者的策略、国网公司自身的组织管理能力都起着至关重要的作用。本章通过对企业内部的核心竞争力与核心能力的分析、电力用户和对清洁能源采暖用户的核心诉求与需求的分析、供应商议价能力的分析，以及现有竞争者竞争压力的来源及潜在的竞争者分析，为陕西省实施电能替代以及大面积推广电采暖的业务开展与落实提供理论支撑。

3.3.1　企业自身内部分析

A 电力公司目前进行了如下所示的工作部署。

A 电力公司对全省农网改造升级项目总投资 8.3 亿元，新建及改造 10kV 线路 315km，新建及改造低压线路 498km，新增及更换配电变压器 698 台，总容量 184.8MV·A。城网基建及业扩工程项目总投资 11.4 亿元，新建及改造 10kV 线路 444 公里，新建及改造低压线路 263km，新增及更换配电变压器 501 台，总容量 198.2MV·A。

A 电力公司投资 1.1 亿元开展清洁能源采暖用户配套电网建设工作，新建及改造 10kV 线路 65.07km、0.4kV 线路 264.95km，新增及更换配变 524 台、容量 19.93 万 kV·A，清洁能源采暖用户区域配电网供电能力增强。目前陕西省内清洁能源采暖用户超过 130 万户。

A 电力公司强化前端服务网络建设，与清洁能源采暖用户区域 6 个市电力公司、34 个县电力公司签订责任状，在 299 个供电所成立清洁能源采暖用户农村服务小组，3171 名台区经理上门服务到户，关中地区 339 个营业厅全部设置清洁能源采暖用户购电快捷通道和服务专席，主动为用户办理电采暖和居民峰谷电价，高效回应用户诉求，全力推进清洁能源采暖用户在陕西落地生根。

A 电力公司在清洁能源采暖用户业务的开展中形成多方联动机制，电力营销部注重电采暖的宣传推广和相关运行补贴政策的普及，对陕西省电能替代战略全面开展起到了一定的推进作用。同时，A 电力公司不断加强用户关系管理，注重消费者感受，积极开展线下调研走访活动，借助平台公众号和问卷调查等线上渠道收集陕西省清洁能源采暖用户意见，有针对性地进行业务改善。

A 电力公司研发部主攻技术创新，为公司科技实力的增强做出积极贡献，公司注重电力系统供电安全性，构建"质量、环境、职业健康安全"标准一体化管理体系助推陕西省电能替代工程全面建设。

A 电力公司目前已经开展了大规模的清洁能源采暖用户相关工作，包括基础设施建设，公司架构优化，业务流程重组等工作。从公司自身而言，目前清洁能源用户采暖改造工作正有条不紊地展开，但对于用户情况的变化目前掌握的情况尚不足，这也对清洁能源用户采暖改造工作的进一步发展提出的优化方向。

3.3.2 电能用户分析

本书的研究课题主要研究对象为清洁能源采暖用户，包括西安市、渭南市、咸阳市、铜川市、宝鸡市在内的 2018 年与 2019

年合计 47.6 万户电能用户。本次清洁能源采暖用户的标签用户大多为农村居民用户，用户的核心需求集中体现在对电采暖价格的诉求，以及对电采暖配套线路采暖设施的价格及质量需求。

在居民生活水平不断提高，电能用户对能源的需求不断增长的同时，由于社会文化水平的整体提高，居民对于服务质量，特别是对电力行业服务水平的要求也不断提高。经过多年的发展，电力已经深入各个领域，各个行业之中，有电即可的状态已远远不能满足用户对电力的需求，用户对电力供应能力、电能质量和可靠性、供电服务质量等都提出了更新、更高的要求。因此，电能用户对服务质量要求的改变向陕西省供电企业的电力营销管理提出了更高的要求。

由于清洁能源采暖用户多为价格敏感型用户，A 电力公司在落实居民对于电采暖价格低廉的诉求时，可以考虑从线路改造补贴、电价补贴、直接补贴和采暖设备补贴等方面展开。充分利用各种媒介与沟通手段，与电能用户进行充分的交流和沟通，了解并满足用户的电力需求，密切双方的关系，使电能用户在获得安全满意的电力产品的同时，得到高品质、享受式的服务。

3.3.3　清洁能源采暖方式分析

1. 各采暖方式对比分析

表 3-6 为各类清洁采暖方式的技术特性和经济性情况比较分析，表 3-7 所示为清洁能源用户采暖改造前后及其他采暖方式花费对比。国家对生态环境保护越来越重视，以清洁化能源代替传统散煤从而降低空气污染物排放的清洁能源采暖进程势在必行。

采暖清洁化对实现陕西省能源消费结构化升级，带动电能替代流程融合和模式创新，促进陕西经济绿色和高效发展具有十分重要的意义。

表3-6　各类清洁采暖方式的技术特性和经济性比较

采暖方式	概念及范畴	优势	制约因素
清洁燃煤采暖	包括达到超低排放的燃煤热电联产和大型燃煤锅炉通过热网系统采暖	成本优势大	覆盖已有热力管网系统的城市集中采暖地区，集中采暖管网难以延伸至广大农村地区
天然气采暖	包括脱氮改造后的燃气锅炉、炉、燃气热电联产等集中式采暖，以及壁挂炉等分散式采暖	相比燃煤采暖具有更高的燃烧效率和更小的烟尘、二氧化硫排放量，相比电采暖有更好的经济性	我国天然气对外依赖度高，供应保障能力较弱；天然气管网覆盖范围相对较小，还无法覆盖很多农村地区
电采暖	包括电锅炉等集中式采暖，发热电缆、电热膜、蓄热电暖器等分散式电采暖，以及各类驱动热泵采暖	运行布置灵活，供电保障能力强，用户端无污染排放，适用于热力管网、天然气管网难以覆盖的农村地区	成本较高
地热采暖	使用换热系统提取地热资源中的热量进行采暖	清洁环保、稳定可靠，在我国北方地区热储量丰富、分布广泛	当前技术标准、管理制度、环保标准等都有待健全，更适合集中规划，统一开发

（续）

采暖方式	概念及范畴	优势	制约因素
生物质能清洁采暖	利用生物质原料及其转化燃料在专用设备中清洁燃烧采暖的方式，包括排放达标的生物热电联产、锅炉等	适宜就近收集原料、分布式开发，在用户侧直接替代煤炭	高效低排等重大技术以及标准、产业体系等都有待成熟，缺乏专业化原料供应体系，难以稳定满足采暖需求
太阳能采暖	利用太阳能资源、使用太阳能集热装置，配合其他稳定性好的清洁采暖方式	技术成熟，已广泛应用与生活及工业热水供应	主要以辅助采暖形式存在，配合其他采暖方式使用，采暖面积相对较小
工业余热采暖	回收工业生产过程中产生的余热，经换热装置提质进行采暖的方式	可实现能源梯级利用，提升工业用能效率	发展受到特定用户和区域限制

表 3-7 清洁能源用户采暖改造前后及其他采暖方式花费对比

（单位：元/m²）

采暖方式			初始投资		年采暖费用		初始投资折算后每年采暖费用	
			补贴前	补贴后	补贴前	补贴后	补贴前	补贴后
燃煤	散煤	家用煤炉	15	15	43.7	43.7	45.6	45.6
	集中式	燃煤热电联产	—	—	16.5	16.5	16.5	16.5
天然气	集中式	燃气锅炉、热电联产、三联供	—	—	30	30	30	30
	分散式	燃气壁挂炉	50	33.3	27.4	27.4	33.5	31.5

（续）

采暖方式			初始投资		年采暖费用		初始投资折算后每年采暖费用	
			补贴前	补贴后	补贴前	补贴后	补贴前	补贴后
电采暖	集中式	蓄热电锅炉	340	226.7	47.4	29.8	73.4	47.2
	热泵	地源热泵	500	300	17.6	14.8	48.6	33.4
	分散式	空气源热泵	250	50	20.2	17	39.3	20.8
		直热式	20	20	52.5	44.2	55	46.6
		蓄热式	110	73.3	45	28.3	58.6	37.4

（数据来源：国网能源研究院）

从用户采暖价格角度，各种采暖方式经济性由高到低依次为：集中燃煤采暖、空气源热泵、集中天然气采暖、分散式天然气采暖、地源热泵、分散式电采暖和蓄热电锅炉。可见计入政府补贴后，电采暖经济性有所提高，特别是空气源热泵方式的采暖费用可接近燃煤集中采暖。

目前实现清洁能源采暖用户主要有集中燃煤供热、"煤改气""煤改电"等形式。集中供热主要针对人口密集区域，在农村等距离城市较远的地区难以实现全面覆盖。

（1）清洁燃煤采暖

清洁燃煤采暖仍是近期陕西各地市居民用户冬季采暖的主要形式。清洁燃煤采暖的成本优势大，用户选择意愿高，但广泛实行清洁燃煤采暖会对人们生产生活产生不利影响。主要集中在清洁燃煤供暖面积的增加会加大未来电力系统调峰和新能源消纳难度，影响用电负荷稳定性以及电力资源配置。清洁燃煤采暖主要利用达到超低排放的燃煤热电联产和大型燃煤锅炉通过热网系统两种方式进行采暖。在清洁燃煤采暖面积增加的趋势下，燃煤热电联产市场占比也相应增大。而目前，我国北方地区电力系统调节的主要手段仍是调节燃煤发电机组出力，由于热电联产机组供热与发电出力之间的强耦合特性，使其供热时发电出力可调空间很小，目前北方地区的热电机组最小运行方式普遍高达额定出力的约 70%，调峰能力不足 20%，同时也挤占了新能源发电的消纳空间。随着清洁燃煤采暖面积的增加，北方地区电力系统调节能力和新能源消纳空间将进一步被压缩。与此同时，北方地区热电机组灵活性改造进展缓慢，截至 2017 年年底，合计改造规模仅约 800 万 kW，相比"十三五"规划的 2020 年完成改造 1.3 亿 kW 目标仍有很大差距，且后续改造试点尚不明确（数据来源：《2018—2024 年中国电力设备市场分析预测及发展趋势研究报告》）。因此，未来应及时调整激励政策，推进热电联产机组参与灵活性改造的意愿，以提高电力系统调峰能力、增加新能源消纳空间。

（2）天然气采暖

天然气采暖应根据气源保障能力和管道输送能力发展。根据规划，到 2021 年，天然气采暖面积将由 2016 年的 22 亿 m^2 增至 40 亿 m^2，约占北方地区清洁能源采暖总面积规划的 20%（数据来源：《北方地区冬季清洁能源采暖用户规划（2017—2021 年）》）。一方面，现有燃煤锅炉和改造难度大的燃煤热电联产机组将实施燃气锅炉替代升级；另一方面，推广燃气壁挂炉普及并在城乡接合部和农村推动管网延伸。

天然气采暖发展的主要问题：一是我国天然气供应对外依赖度高，供应保障能力弱。预计到 2020 年我国天然气对外依存度将达到45%，同时我国天然气调峰能力不强，夏、冬季峰谷差大，例如2017年入冬后，北方部分地区出现了天然气供应紧张局面。未来一方面要增加天然气有效供应，加快进口天然气管道建设和液化天然气（LNG）等气源引进，另一方面需要加快重点管网和LNG接收站建设，强化基础设施间的互供互保能力。二是尽管天然气燃烧的氮氧化物排放约为燃煤的60%～70%，但由于天然气供暖的热电比低，提供相同热量时氮氧化物的排放量与燃煤供暖基本相同，未来还要加强天然气供暖设施的标准建设，加强监管，重点降低各类燃气锅炉氮氧化物排放浓度（数据来源：《中国油气产业发展分析与展望报告蓝皮书（2018—2019）》）。此外，仅依靠"煤改气"无法实现我国未来的碳减排要求，仍需要优先大力发展可再生能源。

（3）电采暖

电采暖规划目标规模较小，未来会继续进一步扩大以热泵为代表的电采暖应用。电采暖的发展在技术、管理与能源供应上具有相对优势。

一是当前电力整体供应相对宽松。2017年，我国发电设备利用小时数仅为3786h，电力供应能力相对充足。

二是供电保障能力强。电网为一体化运营管理，供电直接延伸至用户用电末端，电采暖设施运行灵活，且安全性较高。

三是清洁化水平高。电采暖用户无污染物排放，同时有利于电能占终端能源消费比重的提高，增加电力系统中风电、光伏等清洁能源消纳。发展电采暖的主要问题在于成本相对较高。综合考虑设备投资、供热效率、采暖时间等因素，电采暖综合成本是天然气采暖的 1.4～1.8 倍，对一次性投入与电价补贴要求都比较高。

2. 电采暖优劣势分析

通过上述各采暖方式的对比分析，可以发现电采暖与传统的采暖方式相比主要有以下六方面的优势。

1）资源优势。煤、油、气资源是有限的，而国家电网强大的配送电能力又始终面临电力需求侧应用不平衡的困扰，夏季用电形成高峰，而其他季节又显充裕。国家电网尚有巨大的资源潜力，电采暖恰是避开了用电高峰，秋夏用空调、冬春电采暖，形成了用电平衡。

2）分户供暖、计量收费。分户供暖使人们产生节约意识，计量收费简化了收费管理，热费以电费形式缴纳或插卡买电。

3）智能温控。电采暖可以做到以人为本按需供暖，具备远程异地控制或分时段不同温度的自动控制功能。

4）结构简单、费用经济。建筑开发商可以利用原有电路设施，无需投资大型供暖设备和管网建设，采暖费水平与城市热网费用相当。

5）管理简单。无运行管理，无维修，无运输，不用水，不占地，不排放。

6）应急保障。电采暖可以抵御采暖期以外的突发寒冷。

可见，相对于传统的燃煤采暖与燃气采暖等方式，电采暖对环境的压力最小，从可持续发展的角度，电采暖具备一定优势。

但与清洁燃煤采暖、天然气采暖、地热采暖、生物质能采暖、太阳能采暖、工业余热采暖等方式相比，电采暖存在前期一次性投入较高的问题，电锅炉、热泵的设备成本较高，对于部分用户意味着不小的额外资金压力。且现行的补贴力度不足，在运行费用高的情形下经济劣势更为凸显。另一缺陷就是，目前相关电采暖技术设备发展还不完备，例如发热电缆会产生高电磁辐射，每个房间1根线串联的设计容易造成单一问题引发房间整个系统瘫痪的状况。

3. 替代能源威胁性评价

虽然电采暖在清洁高效方面有一定优势，但同时 A 电力公司也应该认识到电采暖在采暖经济性和改造难度方面的缺陷。透过这两大劣势，将会有其他替代能源涌入市场对电能采暖构成威胁。

关于清洁燃煤采暖，燃煤主要是成本低廉对与价格敏感型的农村用户极具吸引力，当环境保护和经济利益发生冲突时，用户大多偏向于选择经济性更高的采暖方式以节约生活成本。并且短期内居民摆脱不了传统燃煤采暖的习惯，会对电采暖的方式产生抵触心理，这些都是电能替代再进一步的阻力。

天然气采暖相比于电能采暖更具经济性，同样也能够满足环境保护的要求，特别是具有使用天然气条件的城镇居民对天然气采暖的意愿更强。而农村居民由于天然气管网覆盖不到农村地区，所以对"煤改气"改造的依赖程度相比城镇居民有所降低。

总体来看，短期内燃煤采暖将对电采暖构成较大威胁；从更长期来看，"煤改气"也将给电采暖带来更大的挑战。

3.3.4 供应商分析

对某一行业来说，供应商竞争力量的强弱，主要取决于供应商行业的市场状况以及他们所提供物品的重要性。供应商的威胁手段一是提高供应价格，二是降低相应产品或服务的质量，从而使下游行业利润下降。

对于 A 电力公司来说，在供电市场越来越开放的情形下，电能用户和售电侧自由交易度也随之提高，A 电力公司售电环境不容乐观。随着大区域联网和全国联网的实施，陕西省发电企业可以向其他电力紧张地区供电，发电企业的议价能力提高，相对来说，省电网公司的议价能力则被削弱。

另一方面，在陕西部分地区供电处于供小于求的时期，例如"煤荒"或者枯水季节的供电量减少，作为供应方，陕西发电企业相比于售电方的电网企业更具发言权。并且，随着陕西省发电企业的"向大用户直接供电"的前向一体化战略，A 电力公司供应商对 A 电力公司的威胁将进一步增强。

3.3.5　竞争者分析

1. 现有竞争者分析

当前，陕西省 A 电力公司企业面临的竞争主要来自于售电侧。国家近年来逐步成立省级、区域电力交易中心，产生了多家售电公司，电能用户也可以通过这些售电公司购买电能。由于供电企业是技术密集与资本密集型企业，较高的进入和退出壁垒加大了现有企业竞争激烈程度。A 电力公司的竞争压力主要来自以下两个方面。

（1）现有售电企业

虽然目前售电侧市场在逐步放开，但从当前供电格局看，陕西省在供电领域分别有陕西地方电力集团公司和 A 电力公司。从发展历史看，20 世纪 80 年代，陕西省政府成立了陕西省农电管理局解决部分地区电力供应问题，2008 年改制成立集团公司，逐步发展到了现在的省地方电力集团公司，公司业务涵盖供电、发电、辅助服务等多个业务模块。在供电业务模块，陕西地方电力集团公司在陕西省部分区域同样成立有电力公司负责电网建设运营以及电力销售业务，在服务区域和具体业务类型上与 A 电力公司有所区别。目前来看，A 电力公司的业务区域主要集中在全市的一些优质资源区域，在经营上拥有较强的技术和管理优势，而陕西地方电力集团公司主要集中在一些工业基础薄弱的县城区域，但在售电方面，有资金、有技术、有团队、有经验，所以相对存在优势。这就为 A 电力公司的发展带来一定竞争方面的影响，因此已经构成了企业战略管理中名义上的竞争关系。

从售电侧改革来看，售电侧改革的核心要义就是通过引入新的售电主体来激发市场活力，形成供电的多元格局。售电侧改革要求电网与售电独立，以此形成独立的售电公司，除此之外，还有大型电厂可能形成的售电机构，以及社会资本投资建设的售电公司。这些都会对 A 电力公司的未来发展走向提出更大挑战。

（2）替代能源企业

尽管清洁能源用户采暖改造工作在不断推进中，但市场上仍然存在利用其他能源的采暖方式。在陕西省范围内而言，在天然气市场，西安秦华天然气、陕西燃气集团等公司占据了主要市场，且天然气市场不断扩大。截至 2018 年年底，陕西省城镇燃气用户数量不断增长，全省天然气气化人口约为 1680 万人，天然气城镇气化率 86%，其中市级城市约为 90%，县区级城市约为 62%，重点乡镇约为 60%。全省 11 市 2 区 82 个县均实现天然气通气点火。天然气基础设施的不断完善为居民选择天然气设备进行采暖提供了良好的设备条件。

综上所述，在电力改革大背景下，电力公司面对着多种竞争类型和竞争压力。因此，在竞争市场上，A 电力公司在电力营销方面可以转变传统对立思维，针对市场进行企业管理方式转型，同时加强与竞争者进行协作，实现知识的转移、资源的共享和更有效的利用，最终实现双赢。

2. 潜在竞争者分析

目前，A 电力公司已经具备销售网络、售后服务等方面的成本优势，对潜在的进入者设置了无形的屏障。但是随着国家电力体制改革的推进和电力市场的开放，A 电力公司也面临着潜在进入者的威胁。

在打破垄断、引入竞争、发配售分开的深化改革影响下，再加上电力工业对外资开放的政策，将有大量售电企业涌入电力市场与 A 电力公司企业开展竞争。可以预见，未来陕西省发电企业与售电企业在大用户上的竞争也将逐步上升至白热化阶段。

A 电力公司应充分意识到这一潜在威胁，提前做好决策部署，制定应对战略。充分利用好电能替代全面推广的时机，在维持现有电力市场的基础上主动争取更广阔的煤改市场份额。

综上，通过对企业自身内部，电力用户、供应商及竞争者分析，可以看到随着电力市场体制的改革，A 电力公司在面对潜在进入者、供应商和购买者时的压力会越来越大。

　　根据对 A 电力公司竞争对象的分析预测，可看出陕西省电网公司具备实行电能替代的资源基础和技术实力，电网管理体系及制度建设比较完善，能为陕西省全面推行电采暖保驾护航。根据清洁能源采暖用户分析情况，A 电力公司可从采暖设备购置补贴、电价补贴以及提升服务质量角度优化清洁能源用户采暖改造工作。作为售电侧的电力公司，受到来自本地电厂和用户直接交易以及异地电厂抢夺市场的威胁，需要公司早作预备。在替代能源威胁方面，电网公司需要根据短期燃煤威胁和长期天然气威胁制定应对之策。在供应商议价能力逐步增强的环境下，A 电力公司需要及早认清形势，根据市场风向灵活应对。

　　结合对 A 电力公司及"煤改电"业务开展的微观环境分析情况，建议公司在现有管理制度建设水平上，进一步抓紧清洁能源用户采暖改造配套管理制度建设，提高业务水平。注重用户价格敏感、需求服务化、多元化的趋势、在明晰电采暖相较其他采暖方式的地位的同时，为电采暖的发展确立规划。同时重点加强核心供应商的关系管理，面对替代能源的竞争，转变心态，将威胁转化为机会，加强与多种能源的互补合作。同时重点加强核心供应商的关系管理，加快陕西省电能替代的步伐，让清洁能源用户采暖改造工作工程切实造福广大人民群众，为陕西省的可持续发展注入活力。

3.4　本章小结

　　本章在前两章的理论基础之上，采用理论分析法、文献研究

法、专家座谈法与标杆研究法，对陕西省 A 电力公司清洁能源用
户管理现状、清洁能源采暖用户管理宏观环境与微观环境进行了
分析。主要分析了清洁能源用户采暖改造工作规模、用户用电量
情况、电价办理与执行情况以及配套电网建设投资运行情况与运
行应急保障情况，为后续工作的展开提供了现实基础。

第4章

电力公司清洁能源采暖用户调研分析

清洁能源背景下的电力用户管理创新的目标是提高用户管理效率与用户满意度，而本书在第 3 章的现状分析中主要针对公司侧进行分析，针对电力用户的需求与意见尚未考虑。为了真正反映用户需求，反映现实情况，本章将采用问卷调研与实地调研的方法对全省采用清洁能源采暖的电能用户进行调研，并对数据进行收集与初步分析；对陕西省采用清洁能源采暖的电力用户管理情况进行实际调研，从公司侧与用户侧结合，对目前用户管理工作进行充分分析，最终提升清洁能源用户管理工作效率。

4.1 调研前期准备

4.1.1 电力用户管理情况调研分析

1. 用能规模分析

陕西省 A 电力公司落实省政府"治污降霾·保卫蓝天"行动方案，倡导"家庭电器化"和零排放，推广应用电采暖。2017

年，A 电力公司打造了 11 个电采暖示范工程，在雾霾严重的西安、咸阳、西咸、宝鸡等地实施清洁能源用户采暖改造 10.02 万户，增量居民户 3.13 万户，新增供暖面积 275 万 km^2。减排二氧化碳 7.02 万 t、二氧化硫 676t、氮氧化物 214t。2018 年，A 电力公司完成 19.27 万户清洁能源用户采暖改造任务，并采用实地调研调查用户供暖方式、采暖面积、改造日期、设备型号等信息，完成系统中清洁能源采暖用户贴标签工作。

2018—2019 年采暖季，A 电力公司营业区内共实施清洁能源用户采暖改造 1400 个村（小区），涉及居民 19.35 万户，分布在西安、渭南、咸阳、宝鸡、铜川、西咸 6 个地市，合计运行容量 802766kW，户均容量 4.15kW。其中，集中蓄热式 9 户，总容量 33kW；分散蓄热式 1613 户，总容量 7640kW；热泵 14019 户，总容量 75422kW；直热式及其他 177896 户，总容量 719671kW。表 4-1 为 2018—2019 采暖季清洁能源采暖用户部分地区情况。

A 电力公司与政府主管部门建立常态沟通机制，按照"以电定需、以供定改"的原则合理确定年度改造规模。2019 年陕西清洁能源用户采暖改造确村确户清单涉及陕西公司营业区共计 2190 个村（小区）、40.25 万用户。

2. 用电量分析

伴随电能替代深入推进，电能在终端能源消费中所占的比例也不断增大，表 4-2 为 2018—2019 采暖季清洁能源采暖用户用电情况。清洁能源用户采暖改造作为电能替代的主要举措，能够有效促进能源清洁化进程和能源消费革命。陕西省推广实施清洁能源用户采暖改造以来，采暖季用电量显著提高，有助于利用电网接

表 4-1 2018—2019 采暖季清洁能源采暖用户部分地区情况

地区	村(社区)数	总计		集中蓄热式		分散蓄热式		热泵		直热式及其他		户均容量/kW
		户数	总容量/kW	户数	总容量/kW	户数	总容量/kW	户数	总容量/kW	户数	总容量/kW	
西安	565	145676	580227	0	0	0	0	0	0	145676	580227	3.98
咸阳	126	15435	91552	0	0	0	0	8655	51337	6780	40215	5.93
	15	7000	31443	0	0	0	0	5354	24049	1646	7394	4.49
	375	11955	43629	9	33	0	0	10	36	11936	43559	3.65
渭南	99	1613	7640	0	0	1613	7640	0	0	0	0	4.74
	220	11858	48275	0	0	0	0	0	0	11858	48275	4.07
合计	1400	193537	802766	9	33	1613	7640	14019	75422	177896	719671	4.15

(数据来源：A 电力公司)

表4-2　2018—2019采暖季清洁能源采暖用户用电情况

地区	总户数	采暖季总用电量/万kW·h	同比增长（%）	谷段用电量/万kW·h	谷段用电占比（%）	采暖用电量/万kW·h	同比增长（%）	采暖季户均月用电量/kW·h	户均月采暖用电量/kW·h
西安	145676	8970.06	25.53	9.92	0.11	4305.01	109.07	205.25	98.51
西咸新区	15435	2246.66	20.63	17.05	0.76	1135.64	45.48	485.19	245.25
咸阳	7000	427.09	33.94	0.42	0.10	223.06	118.19	203.37	106.22
宝鸡	11955	470.86	40.22	34.23	7.27	216.21	256.22	131.29	60.28
渭南	1613	157.06	44.89	16.82	10.71	91.93	102.27	324.58	189.98
铜川	11858	547.37	39.22	38.92	7.11	194.72	361.46	153.87	54.74
合计	193537	12819.1	26.12	117.36	0.92	6166.57	99.54	220.79	106.21

（数据来源：A电力公司）

纳新能源电量以消纳风电、光伏所产生的剩余电量。陕西地区集中电采暖主要的技术分别是直热式电锅炉、干热岩、和地源热泵。

据统计，A 电力公司营业区内清洁能源采暖用户户均电采暖设备容量 4.15kW，2018 年采暖季清洁能源采暖用户用电量为 1.28 亿 kW·h、同比增长 26%，是同年采暖季居民生活电量增速 10.14% 的近 2 倍，谷段用电占比由 2017 至 2018 年采暖季的 0.24% 提升至 2018—2019 年采暖季的 0.92%。其中采暖用电量共计 6166.57 万 kW·h，同比增长 99.54%，西咸新区、渭南、咸阳户均月采暖用电量最高，分别达到 245.25kW·h、189.98kW·h 和 106.22kW·h。2018 年开展清洁能源用户采暖改造实现二氧化碳减排 12.94 万 t，二氧化硫氮氧化物减排 1640t，有效改善大气环境污染，促进生态文明建设。

3. 执行电价分析

随着清洁能源用户采暖改造不断普及，陕西城镇及农村居民用户逐步倾向电采暖取代传统燃煤取暖，国家陆续出台多项惠民电价政策，推广清洁能源用户采暖改造，加快无煤化进程。A 电力公司为确保《陕西省物价局关于进一步完善我省居民生活用电价格政策的通知》（陕价商发〔2017〕97 号）惠民电价政策落实到位，积极开展居民电采暖和峰谷电价宣传及办理工作，开展现场宣传 322 次，增加缴费网点 6 个，在各营业厅网点开启清洁能源采暖用户电价变更绿色通道，并确保用户申请后 5 天内完成新型表计更换和时段调整工作，确保居民峰谷电价执行到位。2018 年 12 月，公司范围清洁能源采暖用户执行居民峰谷电价政策为 396 户，占总用户比例为 0.2%，执行电采暖电价政策为 2123 户，占总用户比例为 1.09%。这两个比例在全口径户表用户中分别为 0.04% 和 0.6%，清洁能源采暖用户执行比例是户表用户的 5 倍和 1.8 倍。在电量方面，12 月清洁能源采暖用户执行居民电采暖电量为 60.79 万 kW·h，约减少电费支出 18.24 万元；峰电量 2.19 万 kW·h，谷电量 2.42 万 kW·h，约减少电费支出 0.62 万元。表 4-3 为清洁能源采暖用户优惠电价执行情况。

表 4-3　2018—2019 采暖季清洁能源采暖用户优惠电价执行情况

地市	电采暖户数	户数占比（%）	12 月电量/kW·h	居民峰谷户数	户数占比（%）	12 月峰电量/kW·h	12 月谷电量/kW·h
西安	1770	1.21	492293	47	0.03	7042	8380
渭南	64	3.73	20800	325	18.94	10173	12184
咸阳	71	1.02	16302	0	0.00	0	0
宝鸡	21	0.17	14104	2	0.02	885	929
铜川	61	0.48	10750	11	0.09	69	60
西咸	136	0.92	53676	11	0.07	3747	2645
合计	2123	1.09	607925	396	0.20	21916	24198

（数据来源：A 电力公司）

　　在互联网通信基础设施建设日益完善的背景下，A 电力公司积极建设智慧电网信息系统，通过智能信息输入反映用户电费与电量明细账。为方便居民缴纳电费，提升用户服务感知，A 电力公司配备自主缴费终端使用户能够实现高效精准缴费，同时开通多元化网络模式缴费通道使得用户能够通过智能移动终端实现随时缴费。

4. 配电网投资分析

电网是现代经济社会发展的"动脉"。A电力公司贯彻国家电网工作部署，为服务全省经济稳增长，以清洁发展和智能发展为引领，加强互联智能现代化配套电网建设。A电力公司2017年投入2亿多元用于清洁能源采暖用户相关配套电网改造，以确保清洁能源采暖用户连续可靠的电力供应，排查异常运行配变2781台（其中重载配变1685台、过载配变318台、低电压配变127台、三相不平衡配变651台），已治理配变1652台，治理率59.4%，并印发《A电力公司运检部关于进一步加强今冬明春"煤改电"及春节保供电工作的通知》（陕电运检综〔2017〕20号），加强"煤改电"配套电网运行管理。A电力公司编制关中地区"煤改电"三年攻坚方案，计划投资9.4亿元实施关中地区清洁能源采暖用户配套电网工程。其中110kV配套项目13项（9个新扩建项目，4个改造项目），总投资5.9亿元；10kV及以下配套项目30项，总投资3.6亿元。

2018年陕西省完成投资2.9亿元，按期投产2项110kV项目，新增变电容量15万kV·A，其中关中地区投产22项10kV配套电网工程，新建10kV线路47.7km、0.4kV线路30.06km，新增及更换配变298台、容量8.53万kV·A，全面保障A电力公司营业区的清洁能源采暖用户需求，表4-4为A电力公司2018年陕西关中地区清洁能源采暖配套电网工程投资及建设情况。2019年10kV清洁能源采暖配套项目共计94项、投资1.1亿元。建设规模为：新建及改造10kV线路65.07km、0.4kV线路264.95km，新增配变524台、容量19.93万kV·A。

表4-4　2018年陕西关中地区清洁能源采暖配套电网工程投资情况

陕西省地市公司	投资情况			工程建设规模							
	项目数量/个	单体数量/个	投资/亿元	配电台数/台	配变容量/kV·A	10kV架空线路/km	10kV电缆/km	低压线路/km	涉及村数/个	涉及户数/户	供暖面积/m²
西安	7	7	0.19	150	43700	26.11	1.06	9.94	565	149400	14043600
咸阳	4	4	0.01	16	3800	3.88	—	—	14	3100	279000
宝鸡	7	7	0.12	96	28400	14.12	0.12	9.84	72	7100	411800
渭南	3	3	0.04	32	8400	0.71	—	6.63	139	1800	140400
铜川	1	1	0.01	4	1000	1.61	0.09	3.64	263	15600	1232400
西咸新区	0	0	0	0	0	0	—	—	163	15000	1350000
合计	22	22	0.38	298	85300	46.43	1.27	30.06	1216	192000	17457200

（数据来源：A电力公司）

5. 应急保障分析

A电力公司积极推进能源生产消费革命，陕西省电能替代进程加快，煤改清洁能源的进一步实施使得冬季采暖负荷增大并有超过夏季用电负荷的趋势，对电网公司冬季清洁能源采暖用户供电服务保障建设提出了要求。

A电力公司全面完成清洁能源采暖用户供电设施安全隐患排查工作，2018年共发现各类隐患2055项，已消除2045项，消缺率99.51%，配电网安全运行水平得到有效提升。针对极端恶劣天气等突发情况，积极做好各项应急准备工作，清洁能源采暖用户配电变压器（1000台套）、部分开关、导线等应急物资及抢修队伍全部到位，确保供电可靠。充分考虑清洁能源采暖用户带来的用户激增情况，加强政策咨询、电价办理、电表更换、设备采购渠道、采暖方案设计、入户隐患排查等保供电全方位服务。根据95598业务支持系统数据统计，A电力公司2018年累积受理高压故障工单2092件，高压故障率4.1件/（100km·年），低压故障工单22362件，低压故障率38.5件每百户年，实施跟踪服务工单抢修进度，保障冬季清洁能源采暖用户安全取暖。

4.1.2 调研目的、方法及问题设计

1. 调研目的

本次问卷调查主要集中在陕西省关中地区，包括西安、咸阳、西咸新区、宝鸡、渭南和铜川的城镇及农村居民。调查对象为A电力公司2018年实施清洁能源用户采暖改造的19.35万户用户。

通过对采用清洁能源采暖的电力用户进行调研，掌握陕西省关中地区城乡居民居住环境、用电消费能力、住宅面积等基本情况，实施清洁能源用户采暖改造后所带来的效益，以及用户对于清洁能源采暖改造工作的满意程度。通过对陕西省未实施清洁能源用户采暖改造的居民进行调研，了解这类用户电能替代改造潜力，包括电能采暖替代意愿和清洁能源用户采暖改造实力来提升电能用户管理工作的效果。

进一步挖掘陕西省清洁能源用户采暖改造市场主体的用电需求和改造诉求，反馈用户对于清洁能源采暖用户办理的便利度、供电可靠性、安全性相关信息，为A电力公司提供可靠的市场信息。并根据调研情况，提炼出陕西省电采暖推广过程中存在的问题，为公司给出电能用户管理优化的方向。从整体上把握陕西省清洁能源采暖用户用能发展概况和"电代煤"工程项目建设进度，

为清洁能源采暖用户配套措施制定提供参考依据，提出具备实施价值的研究结果，指导 A 电力公司清洁能源用户采暖改造工作持续有效开展，确保清洁能源用户采暖改造之后用户管理工作的顺利开展。

2. 调研方法

采取问卷调查搭配实地走访以及电话调查方式进行调研。通过线上问卷在陕西省的全覆盖发放，获取较为全面的陕西省清洁能源采暖用户用能信息；在问卷基础上进行实地访谈调研，通过与清洁能源采暖用户市场用户的直接接触，获取更为真实的清洁能源采暖用户办理及改造相关数据；采用电话调查的方式查漏补缺，对问卷及访谈调研中的不足进行补充，以形成更为扎实的数据支撑，提升调查效果。

3. 问题设计

为了解陕西省清洁能源用户采暖改造工程建设情况和居民用户对电能替代的接受程度，问卷分为用户对清洁能源采暖用户的认知情况及电能替代意愿、清洁能源用户采暖改造进度及用户电能使用状况、用户享受补贴情况这三个模块进行问题设计，结合专家意见最终形成清洁能源采暖用户用能调查问卷。问卷主要包含以下三部分内容。

第一部分为对用户基本信息的收集。包括用户所处的地理环境、家庭年收入、常住人口数以及采用电价方式等。该部分主要为分析陕西省居民用户对清洁能源采暖用户运行费用的承受能力以及电能替代意愿对公司电采暖推广工作的影响提供研究数据。

第二部分为对用户采暖方式及用能特点的调查。包括煤改前冬季采暖形式、住宅采暖面积、房屋节能保温改造情况、可接受的采暖季费用和电采暖设备使用情况等相关问题。以掌握清洁能源采暖用户对电取暖器类型的选择倾向和台数需要、对电采暖设备配置和适用性的了解情况、居民对电采暖的费用预期。通过分析陕西省居民用户实施清洁能源用户采暖改造的客观环境和对电采暖设备的熟悉情况，为公司优化清洁能源用户采暖改造工作提供数据依据。

第三部分为陕西省采暖补贴落实情况和用户满意度的调研。包括清洁能源采暖用户办理的咨询渠道、电采暖相关补贴政策享受情况、用户期望的电费补贴方式、用户对申请办理清洁能源采暖用户的便利度评价、对清洁能源采暖用户效果不满意原因以及清洁能源用户采暖改造开展建议的收集。该部分主要分析用户清洁能源采暖用户办理服务到位情况、现行补贴政策对用户利益诉求的满足程度以及用户实施清洁能源用户采暖改造过程中期望改善之处，通过了解陕西省清洁能源用户采暖改造落实对用户实际需求的解决情况，为公司进一步推广电采暖提供参考依据。

4.2　问卷运行情况

在问卷运行过程中，第一轮主要先进行小范围试调研并咨询专家收集修改意见，根据反馈情况完善问卷。第二轮正式调研采取入户访谈指导用户填写问卷和线上发放问卷两种渠道并行的方式收集问卷。

本次关于 A 电力公司采用清洁能源采暖的电力用户管理情况

的调查共回收问卷 1000 份，由于不同样本的答卷中出现了不同程度的数据缺失与无效数据，为保证调查科学性，将包含缺失数据的样本进行了剔除，最终有效问卷共计 495 份，问卷有效率为 49.5%。

4.2.1　试调研

合理的问卷设计是保证研究开展的重要条件，在问卷正式发放前需要通过小范围的预先调查来检验问卷的有效性，以保证问卷设计的合理性。

问卷初步形成后，进行了小范围的试运行，根据居民对问卷中相关概念不清楚、项目成员对题目类型适合度的思考以及相关问题增设的建议对初版问卷进行修正。

包括在问卷里设置标注，对清洁能源采暖用户概念、各类电采暖设备的通俗称法及作用、其他能源供暖方式进行解释。增设了询问用户编号的问题，以便根据编号从公司数据库获取用户真实用电量和电费信息为后期的影响趋势预测提供数据支撑；增设了对用户采暖方式的调查，以便公司根据各地市用户集中或者分户采暖的形式制定电采暖设备配置标准。并将用户可接受的采暖季费用一题由多选题型改为滑动选择设置，以便获取更为准确的信息。通过试调研的意见收集，为研究组在原版基础上进一步优化问卷提供宝贵参考意见。

4.2.2　专家反馈

问卷设计初步完成后，通过与陕西省电力营销领域专家进行多次座谈，邀请专家针对问卷中存在的问题进行了分析并提出修改意见。

包括完善问卷的内部跳转逻辑，加强对清洁能源采暖用户类别的划分，分为已经实施清洁能源用户采暖改造的用户和尚未实行清洁能源用户采暖改造的用户，针对不同类别用户设置问题，以便挖掘有效信息。以及设置开放性问题，询问用户清洁能源采暖用户效果不满意的原因和推进清洁能源用户采暖改造的建议，从用户侧需求的角度为公司制定提升清洁能源采暖用户管理效果的配套措施提供参考。本书结合专家意见对问卷进行完善，为问卷正式发放做好铺垫。

4.2.3　入户调研

研究组通过分层随机抽样的方法，以 2018 年和 2019 年陕西省居民户的采暖季总电量和电量增幅为变量依据，从西安市长安区王曲街道王曲村与南堡寨村、咸阳市秦都区马庄镇东介村与南吴村中，选取清洁能源采暖用户中的显著性样本户。将用户划分为四个大类，一类是采暖季电量增幅变化显著的用户，另外三类是根据居民户采暖季总电量将用户划分为采暖季电力用量大、用量中等、用量低三个等级，每个等级为一类。对西安市四个村的每类用户进行随机抽样，基于各村户清洁能源采暖用户体量，对西安王曲村抽取样本户数为 15 户、备选户数 6 户；西安南堡寨村抽取样本户数 5 户、备选户数 2 户；咸阳东介村抽取样本户数 10 户、备选户数 6 户；咸阳南吴村抽取样本户数为 10 户、备选户数 6 户，西安市四个村、调研样本户数总计 40 户。

入户调研的主要内容包括清洁能源用户采暖改造实施的效果调研、确村确户情况的核实，调查用户电采暖设备使用和改造情况、供电稳定性、用户对电价及补贴政策了解情况以及用户对电力公司用户管理工作满意情况。

在实地入户调研的同时，指导居民填写线上问卷并记录用户有关清洁能源用户采暖改造办理实施的意见和建议，根据一线调研数据的分析情况指导公司清洁能源用户采暖改造业务后续开展。

4.2.4　正式调研

在前期试调研和专家反馈意见收集的基础上，最终形成 A 电力公司清洁能源采暖用户用能情况的调查问卷。

问卷的发放渠道主要有以下三种形式：一是在 A 电力公司官网进行问卷公布，以供用户在浏览网站时进行问卷填写；二是借助 A 电力公司运行的公众号平台发放问卷，调查使用公众号的基础用户进行清洁能源用户采暖改造工作办理及用能情况；三是由省内下发至各地市电网公司，发动各级营业厅进行问卷扩散，以保证问卷发放在陕西省的全面覆盖，了解各地区清洁能源用户采暖改造建设的差异情况和总体趋势。

4.3　调研结果分析

4.3.1　描述性统计分析

1. 用户基本情况统计

（1）用户居住环境

从用户所处的地理环境来看，根据调查结果，位于平原地区的居民户数占比为 75.15%；而位于山区位置的居民用户数占比 24.85%，如图 4-1 所示。

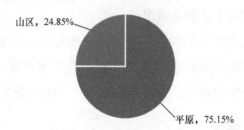

图 4-1 用户所处地理环境

在电能替代技术不断普及的情况下，越来越多的居民户进行电能替代改造，相应的用电需求也发生了变化，传统的电网输配电能力已不能满足城乡居民的用电需求。在进行配套电网升级改造中，平原地区的电网铺设资源投入相比山区更少。陕西省多数居民位处平原地区，占比为 75% 左右，对于省电力公司来说，电网铺设施工难度和山区相比更为容易。

从用户居住环境来看，如图 4-2 所示。

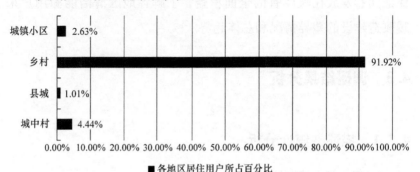

图 4-2 用户居住环境

从图 4-2 可以看出，陕西省清洁能源用户采暖改造的市场主体主要集中在农村居民用户，调查中绝大多数用户来自乡村，占比 91.92%。城镇小区和城中村的用户各占 2.63% 和 4.44%。

用户是"煤改电""煤改气"政策的主要影响者和被影响者。鉴于陕西省清洁能源采暖用户主要是农村居民，但农村群体的人群特征表现为低收入、低学历等，缺乏在公共政策的制定、执行过程中发出自己声音的能力。

A 电力公司可根据这一实际情况更多地考虑农村用户群体的采暖诉求和利益诉求，从农村居民真正关心的电代煤相关问题出发，采取合适补贴政策、运行优惠政策以及维修保障服务。

（2）家庭常住人口

根据问卷回收结果，陕西省清洁能源用户采暖改造居民户的家庭常住人口数量在 3 人及以内的有 179 户；家庭常住人口数量在 4 至 5 人范围内的有 246 户；家庭常住人口数量超过 5 人的有 70 户。从统计计算结果来看，陕西省家庭平均每户常住人口数量为 4 人，如图 4-3 所示。

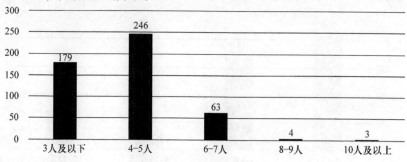

图 4-3　居民家庭常住人口数量

结合调查结果，陕西省清洁能源采暖用户主要是农村居民，可知作为陕西省电能替代市场主体的农村居民家庭成员人数较多，相对来说用电需求量也比较大，对电力系统输送电量也提出了更高的要求。同时，电网公司应该意识到，居民户人口数多，房屋内设房间数目也比较多，意味着采暖区域较为分散，A电力公司应该从这一实际情况着手，考虑适合于农村居民户的电采暖设备选取和安置相关问题。

（3）家庭年收入情况

根据2019年国家统计局数据，我国家庭收入等级划分情况如下：赤贫家庭，家庭年收入1万元以下；困难家庭，家庭年收入1~3万元；贫穷家庭，家庭年收入3~8万元；小康家庭，家庭年收入8~15万元；中产家庭，家庭年收入15~30万元。

根据调查情况，用户家庭年收入区间在3万元以下的有208户；有181户家庭年收入为3~8万元；超过8万元低于15万元的有37户家庭。根据统计结果，陕西省居民用户的家庭年收入平均值为6.44万元，如图4-4所示。

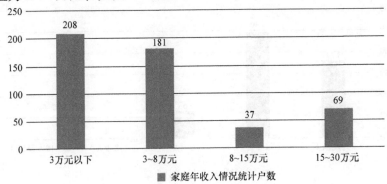

图4-4 居民家庭年收入情况

　　与经济环境分析中统计的陕西省城乡居民收入情况进行对比，2019 年，全省居民人均可支配收入 24666 元，其中，陕西城镇居民人均可支配收入 36098 元；陕西农村居民人均可支配收入为 12326 元。由陕西省家庭常住人口统计，常住人口平均值为 4 人，结合问卷统计结果家庭年收入平均值 6.44 万元，可知陕西省清洁能源采暖用户居民用户的人均可支配收入为 1.61 万元。与居民收入统计情况相符，因为陕西省清洁能源采暖用户农村居民占比较大，故问卷统计的人均可支配收入应位于陕西农村居民人均可支配收入为 12326 元和陕西居民人均可支配收入 24666 元之间。

　　根据问卷统计结果，陕西省清洁能源用户采暖改造市场的居民用户收入与全省居民收入仍存在较大差距，因为清洁能源采暖用户市场主体主要为农村居民，农村居民对电能改造的价格承受能力仍较为薄弱。所以 A 电力公司在推行以电代煤战略是时需要考虑贫困地区人群的消费能力，提供更充足的补贴优惠，以保障偏远地区贫困村户温暖过冬。

2. 用户冬季采暖相关情况

（1）居民房屋采暖面积统计（如图 4-5 所示）

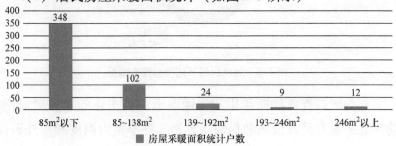

图 4-5　房屋采暖面积情况

据图 4-5 反映情况，住宅房屋采暖面积在 $85m^2$ 以下的有 348 户居民家庭；有 102 户房屋采暖面积为 $85 \sim 138m^2$；住宅采暖面积超过 $138m^2$ 的有 45 户。通过计算，居民用户家庭住宅平均采暖面积为 $72.72m^2$。

省电力公司可以根据居民房屋采暖面积平均值为 $70m^2$ 左右这一现实情况，考虑相关电采暖设备的制热量和供暖面积标准，在电取暖推广过程中为清洁能源采暖用户居民户推荐性价比最高的几类采暖设备。并结合实际应用场景和各村环境户差异情况给出响应配置建议，为居民用户节约用电成本，调动其煤改积极性。

（2）房屋保温层情况

从调查情况来看，清洁能源采暖用户居民用户实行住宅节能保温改造的只有 6.67%，陕西省多数清洁能源采暖用户房屋都没有保温层，如图 4-6 所示。

图 4-6　居民房屋节能保温改造情况

作为陕西省清洁能源用户采暖改造市场主体的农村居民户，房屋几乎没有采暖设施和保温层建造，冬季室内温度和室外温度相差无几。并且目前房屋的建筑质量，即保温层、围护结构门窗质量，节能电容量等一些相关保温材料不配套，对能源造成浪费，也影响采暖效果。即使进行了电能替代改造，在没有保温层维持温度的情况下，散热快、耗电量大，会出现电取暖器制暖效果不理想的问题。在价格问题的基础上，由于保温效果不足，将进一步打击乡村居民用户进行清洁能源用户采暖改造的主动性。

3. 清洁能源采暖用户运行情况分析

（1）用户可接受的采暖季费用

根据调查中用户对于冬季采暖可接受花费的填写情况，通过词频统计分析，如图 4-7 所示，大多数用户可接收的采暖季费用在 1000 元以内，占用户总数的 46%；也有部分居民户对于更高的采暖费用有一定的承受能力，有 13% 的用户可接受 1000～1500 元的冬季采暖费用；接受 1500～2000 元和 2000～2500 元采暖花费的用户各占 10%。综合统计，清洁能源采暖用户平均可接受的采暖季费用在 1163 元左右。

图 4-7　用户可接受采暖费用词频统计情况

用户可接受的采暖季费用指标可供清洁能源用户采暖改造后

电采暖设备冬季取暖的运行费用，与电价和设备能耗息息相关。从目前统计情况来看，用户对清洁能源用户采暖改造后电能取暖费用预期是比较低的，对于 A 电力公司进行电采暖推广造成阻碍。

A 电力公司可以从两方面入手，一是加强清洁能源采暖用户宣传，培养用户节能环保意识，增强用户对电能取暖清洁高效的认同感和电取暖设备运行客观成本的认知，从而增大居民用户对清洁能源采暖用户的接受度；二是制定相关电价策略，根据各地市采暖环境实行合理电价补贴政策，减轻居民用户清洁能源采暖用户运行的经济负担，提升用户参与电代煤采暖改造的积极性。

（2）用户电价类型统计

根据调查，用户的电价计费方式主要以电采暖电价和阶梯电价为主，如图 4-8 所示，其中采用电采暖电价的用户占比 50.49%，采用阶梯电价的用户占比 43.24%，采用峰谷分时定价的用户只有 5.05%，还有 1.22% 的用户不清楚自己的电价计费方式。故用户的电价计费方式绝大多数为电采暖电价及阶梯电价。

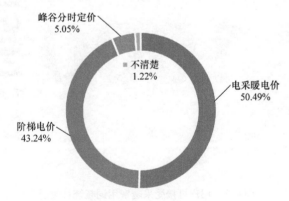

图 4-8　用户电价计费方式统计

由于居民用户属于享受电价交叉补贴的用户，对其供电收益无法足额补偿输配电成本，因此取暖用电购销价差倒挂造成的电费损失由 A 电力公司承担。

电采暖电价相比原有的采暖计价方式采暖的逐年成本更低，运行成本显著减少，但电采暖改造初期需要一次性的改造投入。平均运行两年之后，电采暖的总成本就将低于原有采暖方式的总成本。从统计结果可以看出，选择电采暖改造并实行电采暖电价已成为清洁能源采暖用户主流电价计费方式。

可见清洁能源用户采暖改造已产生可见的成果。但与此同时，仍有近半数用户还在采用阶梯电价的计费方式，针对这些用户，A 电力公司企业可加大清洁能源采暖用户的宣传及后续活动。对于不清楚计价方式的用户，建议 A 电力公司营销部在电费缴纳平台、公众号推广和入户调研时加大相关电价政策和电价计费方式的普及程度，指导用户选择最经济的电价类型，提升用户清洁能源用户采暖改造意愿和忠诚度。

（3）清洁能源采暖用户设备情况

从图 4-9 反映情况来看，目前绝大多数用户冬季主要通过空调制热进行供暖，采用空调取暖的用户占比为 54.5%；其次使用最多的电取暖设备为直热式电暖器，占调查用户总量的 18.8%；调查用户中有 57 户使用空气源热泵（热风机进行采暖），占比为 11.5%；陕西省冬季使用碳晶板、电锅炉、蓄热式电暖器、小太阳取暖的居民用户各占 5.0%、3.2%、3.0% 和 2.4%。

可见，用户在电暖器类型的选择上还是更加依赖于熟悉的产品设备，选择空调的用户最多，但其实空调制热耗能量大，无形

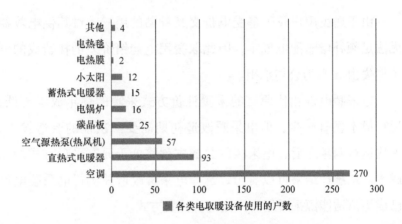

图 4-9　电取暖设备类型统计

中提升了用户的电量费用。蓄热式电暖器相比于直热式电暖器经济可行性更高，但居民用户由于不了解而对此类设备有所忽视。A电力公司企业可以在清洁能源采暖用户宣传推广之际，加强对各类型电采暖设备的指导介绍服务，从用户采暖效果和经济性角度出发，为用户推荐综合效益最高的设备，提升居民对清洁能源采暖用户的接纳度，促进用户踊跃参与电能替代改造工程。

调查发现，清洁能源采暖用户标签用户大多拥有两台电取暖设备，主要因为乡村居民户家庭常住人口数较多，采暖区域面积较大，故多数用户家庭会配备多台取暖设备以满足冬季供热需求。通过计算，用户电采暖设备购置的平均成本为 2372.7 元，对于居民来说，清洁能源采暖用户初始投资成本花费较大，这也是打消居民户进行电采暖改造的主要难题。

通过对用户使用电取暖设备的生产厂家进行统计，发现商家主要集中在格力和美的这两大品牌中，使用户数分别为 120 户和 66 户，占比分别为 24.0% 和 13.3%；其次是珠海格力的电取暖器被购买较多，有 55 户家庭选择此品牌采暖设备，占比 11.1%；再就是海尔、TCL 等品牌的电取暖器各有 14 户、10 户、10 户家庭选择购买。A 电力公司可以选择用户比较倾向的积累电取暖器品牌进行合作，统计居民意见由电网企业进行统一采购，通过采购数量提高成本优势，以此减低居民用户经济压力也为 A 电力公司的运营效益带来提升。

4. 用户清洁能源采暖用户办理及补贴情况统计

（1）用户办理清洁能源采暖用户的咨询渠道

根据调查，用户办理清洁能源采暖用户的咨询渠道主要有五种，如图 4-10 所示，以营业厅查询为主，有 66.87% 的用户通过此渠道了解清洁能源采暖用户政策，还有 20% 左右的用户通过电话询问、上网查询、微信推送、短信通知等方式进行咨询。

图 4-10　用户办理清洁能源采暖用户的咨询渠道

总体来说，用户对办理清洁能源采暖用户的咨询渠道呈多元化状态。由于清洁能源采暖用户有很大的比例为乡镇用户，对于移动终端的新咨询方式还不够了解，使用程度较低，大多数的用户仍采用营业厅咨询或电话咨询的方式。因此针对目前清洁能源采暖用户的宣传方式上，继续坚持线上与线下结合。线上宣传规范化、流程化、制度化，提升清洁能源采暖用户政策的影响力和知名度。线下宣传着重差异化，以解决问题，因地制宜，提升公司政策措施为用户的服务水平与质量。针对用户对移动端设备宣传渠道使用不够普及的情况，可树立主动推送的意识，加大推送力度，从长远角度看，在为公司降低宣传成本的同时，也可提高顾客获取信息的及时性与质量。

（2）用户享受电采暖相关补贴政策情况

加快实施清洁能源用户采暖改造是我国下大气力治理大气污染，积极探索和形成适应经济社会发展要求的清洁、低碳、安全、高效新型能源消费方式的一项重要举措。根据调查，如图 4-11 所示，83.2% 的用户享受到了电采暖的相关政策补贴，但仍有16.8% 的用户没能享受到电采暖的相关政策补贴。

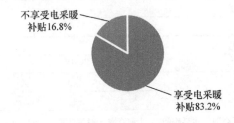

不享受电采暖
补贴16.8%

享受电采暖
补贴83.2%

图 4-11　用户享受电采暖相关政策补贴情况

调查结果说明被调查的电采暖对象中大多数均享受到了清洁能源采暖用户政策的补贴，但仍存在着部分用户采取电采暖的方式但未获得补贴，反映出电采暖政策的宣传取得了较好的结果，但仍有提升的空间。

针对采用电采暖方式采暖却未获得补贴的用户，A 电力公司应继续加大宣传力度，进一步扩大清洁能源采暖用户基数。针对行政区域的特性采取多元化的补贴方案，以电采暖电价推广、一次性货币补贴、采暖设备购置补贴等方式，进一步扩大电采暖用户的数量。陕西省应以国家清洁能源采暖用户政策为方针，向环境友好型采暖转变，坚定不移地走可持续发展的道路。

（3）用户期望的电费补贴发放方式

根据调查，如图 4-12 所示，48.08% 的用户希望电费补贴通过直接扣减电费的方式发放，还有 40.40% 的用户希望电费补贴通过凭电费发票领取的方式发放。只有 11.52% 左右的用户希望通过其他方式领取电费补贴。

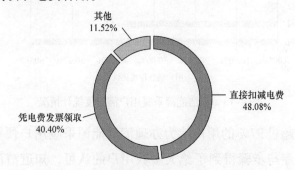

图 4-12 用户期望的电费补贴发放方式情况

现行的电采暖电费补贴政策，按行政区域的不同，采用不同的补贴方式和补贴政策。从用户的角度出发，直接扣减电费最便利，但这对于部分地区电表升级改造的工作带来挑战，并且也有40% 左右的用户接受凭电费发票领取电费补贴。所以针对地区不同，基础设施完善程度不同，建议 A 电力公司结合实际情况采取直接扣减电费或凭电费发票领取的方式发放电费补贴。对于电费补贴的发放，用户的意见很有价值，但同时，管理合规、财务流程规范化也非常重要，在考虑方便用户的同时，也要注重避免补贴发放过程中的财务风险，让国家发放的补贴切实实惠用户。

5. 清洁能源采暖用户满意度统计情况

（1）清洁能源采暖用户办理便利程度评价

根据调查，如图 4-13 所示，59.8% 的用户办理清洁能源采暖非常便利，还有 37.58% 的用户认为办理流程很便利，只有 2.62% 的用户认为办理流程不便利或一般，故绝大多数的用户均认为办理清洁能源采暖很便利，用户满意度较高。

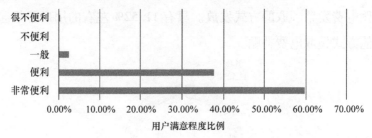

图 4-13　清洁能源采暖用户满意度统计情况

由于超过 97% 的用户认为办理清洁能源采暖用户便利，代表其办理程序与步骤得到了绝大多数用户的认可，知道清洁能源采暖政策的用户，办理并不会有阻碍；但对于认为其不便利，甚至非常不便利的用户来说，这类用户意见具有更大的价值。用户对于清洁能源采暖办理程序的意见，对清洁能源采暖政策的意见，对具体乡镇、街道办理点的意见都具有较高的参考价值。对于这些有不满意见的用户，A 电力公司应采取回访、调查等方式，通过咨询，反思现行业务办理流程，找出有待改善的地方，进一步提高用户办理清洁能源采暖的效率与效果。

（2）用户对清洁能源采暖用户效果的满意度

根据调查，如图 4-14 所示，76.56% 的用户对清洁能源采暖的效果满意或非常满意，占使用户的大多数。但仍有超过两成的用户认为清洁能源采暖的效果一般，只有 2.63% 的用户对清洁能源采暖的效果感到不满意。

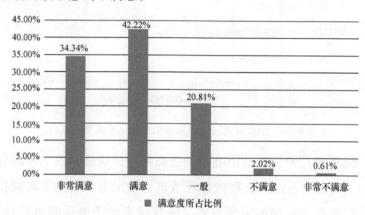

图 4-14　用户对清洁能源采暖用户效果的满意度

可见，绝大多数用户对清洁能源采暖的效果整体感到满意或基本满意，说明目前清洁能源采暖效果较好，基本上取得了用户的认可。但仍存在极少数用户有不满意的现象，对这部分用户不满意的原因应该充分重视，作为改善清洁能源采暖效果用户意见的参考。A 电力公司应针对不满意的详细原因进行进一步考察，加强用户回访和意见收集，将用户意见落实到清洁能源采暖改造工作优化中。

（3）用户对清洁能源采暖用户效果不满意的原因

根据调查，如图 4-15 所示，87.93% 的用户对清洁能源采暖效果不满意是因为用电费用过高，有 35.34% 的用户认为制暖效果不佳，还有小部分的用户对跳闸、停电的情况感到不满意。

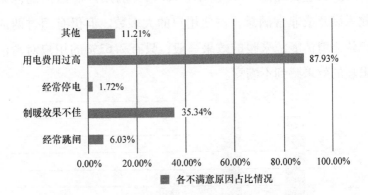

图 4-15　用户对清洁能源采暖用户效果不满意的原因

近 90% 用户反映的用电费用过高问题，这是目前电采暖存在的一大弊端，不过从长期的角度考虑，使用电采暖的采暖费在几年后均将低于传统的采暖方式，同时国家给予电采暖电费补贴、一次性货币补贴、电采暖设备购置安装补贴等，也能进一步降低电采暖用户承担的成本。同时，使用电采暖有助于降低用户因采暖方式落后造成的火灾、消防事故、煤气中毒等事故，可以在很大程度上保障电采暖用户的人身及财产安全。

A 电力公司可针对各地市经济现状不同，进一步根据地区实际情况采取不同的补贴力度与政策，让电费因素对清洁能源采暖用户的阻力降到最小；对于反馈制暖效果不佳的用户，代表着制暖设备与家庭制暖需求不匹配，建议电力公司根据实际情况更新制暖设备；对于反映跳闸及停电的用户，这类用户家庭电路载荷能力不足，建议尽早进行电路、电表改造，将设备更新换代的时间提前，降低用电安全隐患。

4.3.2 用户投资运行成本分析

电能替代对于大气污染防治、农村生活方式升级具有重要意义，有助于推动构建低碳清洁、安全高效的能源体系，具有极大潜在市场空间。目前，实施清洁能源采暖的进程面临着两大难题，一是电采暖设备的一次性投资成本大，二是电采暖的运营成本高，清洁能源采暖用户的高采暖成本使得用户在电采暖改造后的用电费用提高，导致居民电能替代积极意愿减弱，阻碍陕西省冬季采暖清洁化、无煤化进程。针对问卷中用户提出的用电费用高的问题，这里选取清洁能源采暖用户中居民阶梯电价用户、峰谷分时电价用户、电采暖电价用户三类典型用户分别进行电采暖投资及运行成本分析。

1. 办理阶梯电价的用户分析

在抽样样本中选择办理阶梯电价的用户中，其平均采暖面积为 66m^2。原采暖方式为燃煤、燃气或燃烧秸秆采暖，经清洁能源采暖改造后全部采用电采暖相关设备进行采暖。

由于采暖设备众多，仅对其功率进行统计，如图 4-16 所示，平均每家拥有 2.6kW 的采暖设备，整个采暖季（统计 2017 年采暖季以及 2018 年采暖季，每个采暖季包含 5 个月），采用燃煤、燃气或燃烧秸秆等取暖方式平均需要 1563.2 元。

实施清洁能源采暖改造后，用户平均需增加一次性投资 1750.5 元（在政府补贴 1000 元情况下），改造后的首个采暖季用户可以享受电价补贴，以 0.25 元/kW·h 进行计算，因此改造后首个采暖季运行投资为 204.498 元/采暖季，平均每户采暖季采暖

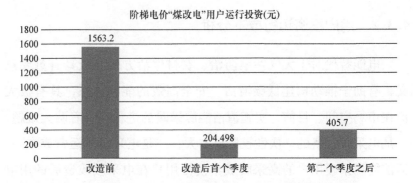

图 4-16　办理阶梯电价的清洁能源用户采暖改造前后成本分析

用电量为 759.17kW·h（数据来源：调查问卷计算得出）。在第二个季度不享受电价补贴，平均每户运行投资为 405.7 元/采暖季，平均每户采暖季用电量为 782kW·h。可以看出对于享受阶梯电价的用户而言，清洁能源采暖改造相比原有的采暖方式，会有较大的初始投资，而这部分初始投资就会对用户的选择产生较大影响，但运行成本显著减少，平均运行两年之后，电采暖的总成本就将低于原有采暖方式的总成本。对用户来说，长期总采暖成本的降低存在信息不对称现象，因此，这种情况应加大面向办理阶梯电价的用户宣传的力度，以用户采暖总费用为驱动，进一步扩大电采暖用户的范围。

2. 办理峰谷分时电价的用户分析

在抽样样本中选择峰谷分时的用户中，其平均采暖面积为 40m²。原采暖方式为燃煤、燃气或燃烧秸秆采暖，清洁能源用户采暖改造后全部采用电采暖相关设备进行采暖，由于采暖设备众多，仅对其功率进行统计，如图 4-17 所示，平均每家拥有 2.74kW 的采暖设备，平均每个采暖季采用原燃煤、燃气或燃烧秸秆等取暖方式需要 600 元。

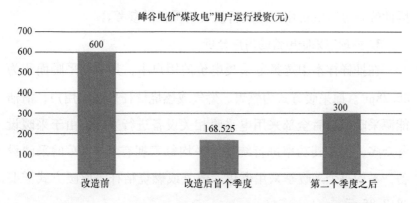

图 4-17　办理峰谷分时电价的用户煤改投资及运行成本

实施清洁能源采暖改造后，用户平均需增加一次性投资 1634.5 元（在政府补贴 1000 元情况下），改造后的首个采暖季用户可以享受电价补贴，以每 kW·h 电 0.25 元进行计算，因此改造后首个采暖季运行投资为 168.525 元/采暖季，平均每户采暖季用电量为 823.5kW·h。在第二个季度不享受电价补贴，平均每户运行投资为 300 元/采暖季，平均每户采暖季用电量为 602kW·h。可以看出对于享受峰谷电价同享受阶梯电价的用户类似，清洁能源采暖改造相比原有的采暖方式，尽管会有较大的初始投资，运行成本显著减少，但回收年限较长，平均运行 5 年之后，电采暖的总成本就将低于原有采暖方式的总成本。可见相较于办理阶梯电价的用户，办理峰谷分时电价的用户的总成本回收周期较长。因此针对此类用户，清洁能源采暖用户推进的难度更大，因此政策宣传、办理业务流程、确村确户核实推进过程中应更加注重对此类用户的关注，重点推进。由于峰谷电价的差距大多体现在每日的差距中，而每日的用电量情况分析较为繁琐，且样本量较少，因此峰谷分时电价用户的运行投资情况仅供参考。

3. 办理电采暖电价的用户分析

在抽样样本中选择电采暖电价的用户中，其平均采暖面积为86.28m²。原采暖方式为燃煤、燃气或燃烧秸秆采暖的用户，清洁能源采暖改造后全部采用电采暖相关设备进行采暖。由于采暖设备众多，仅对其功率进行统计，平均每家拥有6.23kW的采暖设备，平均每个采暖季采用燃煤、燃气或燃烧秸秆等取暖方式需要3817.85元。

如图4-18所示，办理"电采暖电价"的清洁采暖用户在电采暖电价政策出台之前选择的电价计价方式为"阶梯电价"。从图中可以看到，由于采暖面积和采暖设备功率更大，这类用户之前的"阶梯电价"运行投资费用相比于电采暖电价政策出台之后依然选择办理"阶梯电价"的用户的运行投资费用要高出许多。

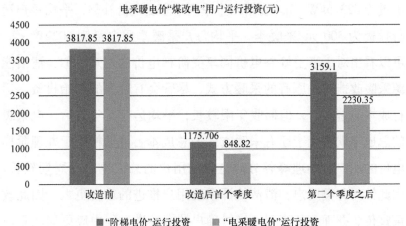

图4-18 办理电采暖电价的用户煤改投资及运行成本

经分析，实施清洁能源采暖改造后用户需增加一次性投资 1000 元（在政府补贴 1000 元的情况下），与"煤改气"持平。一个采暖季净增电量 3712kW·h，净增电费 1849.69 元/年，平均电采暖电价为 0.4983 元/(kW·h)，电采暖成本为 6.17 元/月/m^2，分别是天然气壁挂炉采暖成本（4.41/月/m^2）和清洁煤采暖成本（1500 元/t，4.67 元/月/m^2）的 1.4、1.32 倍，电价需要分别降低至 0.3564 元/(kW·h) 和 0.3774 元/(kW·h)，即在居民电采暖电价的基础上，每 kW·h 电需补贴 0.1209~0.1419 元。

通过分析，实施清洁能源采暖改造后用户平均需增加一次性投资 5044.29 元（在政府补贴 1000 元情况下），改造后的首个采暖季用户可以享受电价补贴，以 0.25 元/kW·h 进行计算，因此改造后首个采暖季运行投资为 848.82 元/采暖季，平均每户采暖季用电量为 4055.86kW·h（数据来源：调查问卷计算得出）。在第二个季度不享受电价补贴，平均每户运行投资为 2230.35 元/采暖季，平均每户采暖季用电量为 4476kW·h。同"阶梯电价"相比，阶梯电价改造后首个采暖季运行投资需 1175.71 元，之后每个季度运行投资为 3159.1 元，"电采暖电价"同"阶梯电价"比起来，首个采暖季运行投资降低了 27.8%，之后平均降低了 29.4%；同时采暖季用电量也有了显著提高，提高了 10.36%。尽管改造后一次性投资较大，但由于运行成本较低，平均 3 年时间就可以实现电采暖的总成本低于原有采暖方式的总成本。

总的来说，对于办理阶梯电价的用户、峰谷分时电价的用户与办理电采暖电价的用户，在不考虑货币的时间价值时，考虑用户的平均水平，从更长的时间段来看，电采暖总采暖费用将在 2~

5 年后低于原有的采暖方式，并且针对不同用户的实际采暖情况，也会有不同的电采暖总费用。三种用户的采暖改造均为初期首个采暖季需一次性投资，此后的每个采暖季采暖费用将低于原采暖方式的采暖费用。结合问卷中的用户满意度调查，可见参与了采暖改造的用户对于清洁能源采暖的意见大多为正面的，且用户反馈的意见多数为进一步争取采暖电费的降低，仅有少数用户反馈电采暖的制暖效果不佳的问题。从用户的采暖费用经济角度来看，现行的清洁能源采暖政策切实为绝大多数的用户带来了经济利益。

4.4　电力公司清洁能源发展存在的问题分析

4.4.1　公司侧存在的问题分析

通过对陕西省电采暖推广实施的宏微观环境分析，初步了解了陕西省清洁能源采暖改造所处的经济社会环境以及清洁能源用户管理工作的现状，对市场需求有了一定的把握。发现由于陕西各地市的环境差异，电网企业在清洁能源用户管理的资源投入、补贴政策上与各地市实际用电需求、价格优惠需要存在不匹配的现象。

结合对陕西省清洁能源采暖改造运行现状的分析，包括陕西省清洁能源采暖改造工作规模、用户用电数据、相关电价办理及执行情况、电力公司配套电网建设投资以及目前煤改电清洁能源采暖用户运行应急保障措施等一系列电能用户管理相关内容，发现部分实际进行清洁能源采暖改造的村户与需要进行改造的村户

有所出入，并且部分实行电采暖的居民用户台账信息不完善，真
实性有待核实，导致电力公司对用户电能替代意愿和需求的把握
不准确，也造成用户管理出现偏差。同时，在地理位置差异和经
济发展不均衡的影响下，各台区负荷存在不平衡的现象，较低的
供电稳定性会对居民用户的清洁能源采暖改造热情产生打击。对
于公司来说，配电网建设的初期投入成本巨大，并且在电力用户
和电网企业存在信息不对称的情况下，部分电网铺设工程实际效
用不足造成资源浪费，低经济收益会加剧电网企业的运营压力，
这些因素都对 A 电力公司清洁能源采暖改造工作的进一步开展形
成阻力，并降低电能用户管理工作的准确程度，降低用户满意度。

　　基于前期分析结果，归纳出 A 电力公司电能用户管理工作和
清洁能源采暖改造工作存在的问题主要有电网投资收益倒挂、台
区负荷不平衡降低供电可靠性、业扩规则限制电采暖推广、配套
支持政策尚待完善这四个方面。通过对采暖改造工作开展中存在
问题的分析，可以为提高用户管理效果，为配套措施建议的编制
提供参考依据，从而以问题为导向制定相应的解决之策，破解煤
改清洁能源整体进程中存在的障碍，加快陕西省电能替代步伐。

1. 电网投资收益倒挂

　　随着电能替代深化开展，用电需求明显增加，清洁能源采暖
用户的实施对配套电网的可靠性和供电质量都提出了更高的要求。
特别是在电力体制改革和脱贫攻坚的推进下，农村及偏远地区电
网投资建设更是不容忽视，加强农村电网建设是调社会经济和谐
发展的重要环节。

　　电网企业清洁能源采暖配套电网改造负担普遍较重，2017—

2018 年取暖季，200 万清洁能源采暖用户改造造成国家电网公司利润减少 37.5 亿元，2018—2019 年取暖季利润减少增至 75 亿元。

2018 年，A 电力公司清洁能源采暖配套电网投资共计 2.9 亿元，用户售电量净增加 3569.63 万 kW·h。经测算，清洁能源采暖用户为公司带来的毛利润为 286.89 万元，扣除运维和折旧后，年亏损约 2061 万元，投资收益率仅为 0.99%，资本回收期近 101 年，投资和收益严重不平衡。投资收益率若要达到 5 年期贷款基准利率 4.75%，需政府补贴配套电网建设成本的 78.81%（数据来源：A 电力公司）。

清洁能源采暖改造包括外网改造、户线改造和电采暖设备采购。电网企业既要承担配套电网投资又有高可靠性用电投入，由于居民用户属于享受电价交叉补贴的用户，对其供电的收益无法足额补偿输配电成本，因此还要承担由于取暖用电购销价差倒挂造成的电费损失。因此，电网企业出现投资大收益小的不平衡现象，在经济层面加大电网企业持续推广电采暖的难度。

2. 台区负荷不平衡降低供电可靠性

一是台区负荷分配失衡。A 公司涉及清洁能源采暖用户的 4639 个台区，采暖季期间有 283 个台区重过载，农网占比为 85.87%，主要分布在西安高新、临潼、蓝田县、鄠邑区、长安区电力公司、西咸沣东新城电力公司、渭南经开电力公司的城中村和城乡结合部，发生重过载次数前 10 的供电区为西安皇城、京兆、尚俭、索寨、长安西变电站、西咸阿房、六村堡、马王、三桥变电站和咸阳乐育变电站。有 784 个台区轻载（最大负荷率低于 30%），主要分布在铜川印台王益、耀州、宜君电力公司、宝鸡凤县电力公司、西咸沣东新城电力公司，铜川平均一个台区仅有 17 个清洁能源采暖用户，见表 4-5。可见清洁能源采暖用户任务计划编排存在不科学的现象，各区域台区分布失衡，导致部分地区供电不足，而某些地区却出现电力资源浪费的情况。

表 4-5　各地市清洁能源采暖用户台区重过载轻载分布情况

地市	台区总数	重过载台区数		轻载台区数	清洁能源采暖用户密度
		农网	城网		
西安	2669	171	13	220	54.56
咸阳	135	5	5	25	50.93
西咸	339	37	13	92	44.79
宝鸡	379	4	1	138	31.5
铜川	676	7	0	262	17.01
渭南	441	19	8	47	3.67
合计	4639	243	40	784	54.56

（数据来源：A 电力公司）

二是设备类型不准确导致的运维困难。部分区域未明确电采暖设备类型和功率。部分区域政府不负责统一采购设备，导致电采暖设备类型和功率不明确，清洁能源采暖用户台区负荷预测无法做到精准。供暖期间，清洁能源采暖用户设备负荷集中，造成运维保障方案针对性制定困难，重过载或低电压风险性大，运维保障任务艰巨。

3. 业扩规则限制电采暖推广

电采暖增容需求较大的用户群体，配电网容量需求超过业扩配套资金用于 100kV·A 及以下工程的限制，供电企业在业扩规则限制下为用户出具"专变"供电方案并由用户自行承担变压器、开关及线路建设费用的解决措施,增加了用户清洁能源采暖改造经济负担,电能替代项目投资到红线外的政策优势无法突显。

据估算,蓄热式电锅炉方案 150 元/m² 的造价比直热式电锅炉高出 50%,其相应的配套电网造价达到 163.63 元/m²;电极式水蓄热锅炉虽然能通过减少变压器来降低配套电网投资费用,但由于供应商少竞争不充分导致造价高达 300 元/m²(数据来源:A 电力公司),这些因素造成采暖成本费用提升,严重打击了用户采用集中式蓄热电采暖方案的积极性。

用户对配套电网建设费用的承担能力不足使得 A 电力公司面临潜力用户流失风险,足以见得,业扩规则一定程度上限制了集中式蓄热电采暖技术的推广。

4. 配套支持政策尚待完善

一是惠民电价政策效用不足。为切实解决用户采暖设备购置成本及运行电费较高的成本瓶颈,缓和高峰期间电力供需矛盾,提高电网负荷率和设备利用率,促进居民使用蓄热式电采暖技术,陕西省 2017 年出台居民电采暖峰谷电价政策,2018 年对谷时段进行优化调整。目前陕西省清洁能源采暖改造主推技术是直热式(例如咸阳主推电热膜、空气源热泵和碳晶板,宝鸡主推电热炕),由于采暖负荷无法调节至最划算的居民峰谷电价谷段,用户申请峰谷电价不积极,致使居民峰谷电价政策在削峰填谷和降低居民用电成本的作用效果大打折扣,也导致清洁能源采暖用户台区在用电高峰时段(每天 10:00—12:00 和 17:00—21:00)频繁发生重过载。图 4-19 所示为居民峰谷电价和重过载时段分布情况。

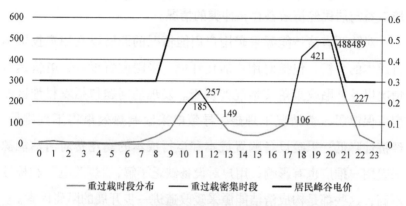

图4-19　居民峰谷电价和重过载时段分布情况

（数据来源：A电力公司）

二是清洁能源采暖用户支持政策不足。电采暖惠民政策在一定程度上弥补了居民用户电采暖的成本消耗，能有效调动居民煤改积极性加快供热无煤化进程。但是目前，陕西省清洁能源采暖改造支持政策仍然存在不足：虽然蓄热式电采暖建设造价高，但各类电采暖技术补贴标准没有差别；清洁能源采暖用户运行补贴仅限西安地区，全省各地均无房屋建筑保暖改造补贴；轮输配电价监审组还未将电网企业清洁能源采暖用户配套电网投资支出和优惠政策减收足额纳入新一轮输配电价当中。

4.4.2　用户侧存在的问题分析

通过问卷调查和入户走访调研，初步了解了陕西省关中地区居民用户的用电需求、清洁能源采暖改造落实情况以及用户管理情况。通过用户访谈的结果和对问卷调查的分析，发现农村地区受地理环境和经济收入的限制，电采暖推广过程中有电能替代环境效益与居民经济效益存在冲突的情况。

对陕西省清洁能源采暖用户用能情况的调研以及用户投资运行成本的分析，包括对用户居住环境、采暖配置设施、电价运行情况以及补贴政策落实情况的调查。发现的问题包括农村地区的房屋保温层改造情况不理想，导致电采暖制热效果得不到维持，经济性降低；采暖设备购置成本和运行成本的高花费对清洁能源采暖用户推广也有影响；用户对设备缺乏了解，"煤改电"积极性不高，这些都是构成清洁能源采暖改造进一步开展的阻碍因素。

基于上述调研分析结果，归纳出 A 电力公司推行电能替代工程和清洁能源采暖改造工作存在的问题主要有：农村保温层改造滞后、弱经济性降低用户替代意愿、电采暖设备指导不足和政策执行力不足这四个方面。通过对公司电采暖推广中存在问题的分析，为清洁能源采暖用户配套措施制定提供指导，A 电力公司需要从问题出发，着手解决居民用户在进行清洁能源采暖改造过程中面临的实际困难。

1. 农村节能保温改造滞后

陕西省横跨三个气候带，南北气候差异较大，关中及陕北大部属暖温带气候，冬季寒冷干燥、气温低、雨雪稀少。全省年平均气温 9 ~ 16℃，自南向北、自东向西递减；本次调研主要围绕西安、渭南、咸阳、宝鸡、铜川这五个地区进行展开，调查片区主要集中在陕西省关中区域，关中年平均气温为 12 ~ 14℃，风沙较大。陕西省寒冷地区农村住房室内温度波幅较大，通常早晚温度很低。陕西寒冷地区农村住房本身围护结构的热工性能欠佳，再加上部分住房门窗质量较差，缝隙较大，冷风渗透严重，导致冬季室内温度低。

根据问卷调查情况，陕西省 93.3% 的清洁能源采暖用户都没有实行住宅节能保温改造，房屋没有保温层。并且陕西省采暖改造市场主体房屋平均采暖面积在 $70m^2$ 左右，可见用户住宅采暖面积较大，这也意味着电暖器制热供暖能耗较大，同时散热也比较快，这都表明农村房屋建造保温层确实有必要。但目前陕西农村地区建筑节能保温改造普遍比较滞后，导致电采暖效果不尽理想。

结合农村清洁能源用户采暖改造工作，以及仅部分农村民房建筑采取了节能措施，并且节能措施不完善，热量损耗较大的现实情况，虽然大部分农民有住房节能改造的意识，但是受收入水平的限制，农民能接受的住房节能改造费用较低，这就对农村地区使用的费用低廉的住房节能改造技术提出了更高要求。

由于我国对建筑节能技术的研究和利用主要停留在城市中，对农村住宅节能的研究才刚刚起步，缺乏针对农村住宅建筑热工和建筑节能方面的标准规范可供依据。并且在强调低建筑造价的农村地区，自主建房，建筑节能技术应用较少，且缺乏有经验的施工人员，技术水平较差，难以保证施工质量。房屋保温层在学术界已被证明其有效的保温效果并广泛应用于现代建筑中（保温效果对比如图 4-20 所示）。陕西农村部分地区清洁能源采暖改造的工程中也未对建筑物外墙进行统一保温改造，这一问题采暖改造后运行成本较高，取暖效果却未有显著提升。

2. 弱经济性降低用户替代意愿

尽管全面实施以电代煤战略，提高能源效率促进节能减排是大势所趋，但以电代煤采暖成本相比传统燃煤取暖的成本偏高，

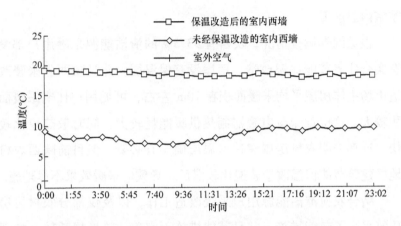

图 4-20　冬季某室内墙体表面温度一天内的变化举例

对电采暖推广实施起着阻碍作用。采用电采暖高出于传统燃煤取暖的成本主要体现在两个方面，一是电采暖设备初试购置成本，二是冬季电采暖设备运行时产生的电量费用。

（1）清洁能源采暖用户初始投资成本

根据问卷中对用户电采暖设备购置成本的统计，用户购买电取暖器的平均花费在 2372 元左右，可以看出居民用户的清洁能源采暖改造成本相比燃煤和天然气等采暖方式来说是比较高的。并且乡村家庭户具有人口多、住房面积大的特点，需要购置多台电采暖设备以满足冬季采暖需求。以 60m² 的农村居民住宅为例，电采暖设备购置费 6000 元，较居民期望的购置费用 1000 元高出较多。

而从调查情况来看，陕西省清洁能源采暖改造的市场主体主要集中在农村居民，农村居民属于价格敏感型用户，就这点来说，电采暖的吸引力在农村居民用户中大打折扣。

（2）电采暖设备运行成本

从居民对电采暖效果不满意的原因来看，主要集中在用电费用过高和制暖效果不佳两个方面。制暖效果不佳跟房屋节能保温设施建造有关，没有保温层房屋难以维持温度，又进一步使电费成本增加。

根据问卷中用户可接受的采暖季费用情况，用户平均可接受的采暖季费用在 1163 元左右，用户对清洁能源采暖改造后电采暖费用预期处于较低状态。并且陕西省对于清洁能源采暖主推技术是直热式电采暖，但用户难以充分利用居民谷段低价电。以 $60m^2$ 的农村居民住宅为例，采暖季采暖费用 2148 元（折合电价 0.4358 元/kW·h），较散煤采暖费用 900 元（折合电价 0.18 元/kW·h）高出较多，居民难以承受电采暖的大额后期运行费用。

此外，调研发现，电采暖用户主要是农村居民用户，房屋大部分为老旧建筑物，没有保温层，耗热量高达 $70W/m^2$，是装设保温层房屋耗热量的 1.4 倍，导致采暖耗电量增大，大大增加了农村清洁能源采暖用户的生活经济压力。

总的来说，电采暖居民用户增加的不仅是采暖设备购置成本，运行电费成本也相应增加，整体成本高于集中供暖，仅在节能建筑中使用电采暖具备一定的经济性。

3. 电采暖设备指导不足

根据调查用户关于清洁能源采暖设备的了解情况，发现大部分用户对电采暖设备类型、功率和制热量都不清楚，在不清楚设备功率和制热效果的前提下，用户难以根据居住环境以及采暖面积选取适宜的电采暖设备。

可见，A 电力公司在进行电采暖宣传介绍时缺少对用户有关技术设备选型与场景匹配的指导，在推广过程中没有针对不同场景给出相应的配置建议。此外，在电能替代工作中缺少专业技术人员，由于现有人员对市场拓展人员对各行各业可以替代的新型电气设备、用电技术及其工作原理、主要用能设备的特征及能耗数据的了解不足，不能在实际工作中全面结合各地区生态环境达标要求、能源消费结构和用能需求特性。

在电采暖技术的应用选择上，A 电力公司需针对不同类型采暖对象，因地制宜地选取与其相适应的电采暖技术，充分发挥电采暖的应用优势，实现电采暖应用的效益最大化，否则将可能导致运行中故障频出、运行费用高出正常水平，不能发挥出电采暖的应有效果。

各类电采暖设备各有特点，适用场景各不相同。在电取暖推广过程中，应综合考虑技术经济性、电网情况和应用场景等多种因素选取合适的技术设备。

针对各种电采暖技术的特点，为陕西省不同类型的电采暖替代对象采用电采暖形式提供了选择建议。建议 A 电力公司在热力（燃气）管网无法达到的山区、农村等分散式居民住宅，可推广蓄热式电锅炉、电暖器和电热膜等分散电采暖技术，以加快新一轮农村电网改造升级。对集中的居民、商业小区这类建筑推广用电锅炉和热泵式设备进行采暖，其产生的热媒（热水或蒸汽）由集中供热管道输送到每个房间，以提高资源利用率，降低资源的消耗。对于包括厂房、商场、学校、办公楼在内的公共建筑，A 电力公司可推广电暖器和相变电热式电热地板等采暖方式，使公共建筑的施工工艺更加符合绿色节能的概念。

A 电力公司应根据区位特点、资源条件、用能模式等因素，在充分整合政策资源的前提下，因地制宜地制定清洁能源采暖用户的专项规划，分区域推进、分类型实施，确保陕西省冬季电能取暖的综合效果。

4. 政策执行力不足

根据调查用户关于清洁能源采暖政策的了解情况和相关建议，发现大部分用户的意见都集中在政策普及和补贴落实意见两方面。

一是 A 电力公司对"以电代煤、以电代油、电从远方来"的发展战略宣传力度不够，缺乏科学有效的举措，不能有效提高用户对电能替代工作的认同度，不利于陕西省电能替代工作的良性发展。从调查情况来看，多数居民不清楚办理清洁能源采暖时能享受哪类补贴政策，只知道享受过补贴，但是对补贴力度和落实情况感知不足，这也进一步导致用户对补贴政策的认同度不高，降低了居民用户电能替代的积极性。

二是补贴政策落实不到位，补贴周期待优化。虽然陕西省助推政策较多，但不够细化，采暖面积核实困难，居民用户和电网企业之间存在信息差，补贴的公允性受到质疑。个别居民户实际并未实行电能替代改造，却谎报信息骗取补贴，影响了清洁能源采暖惠民政策的严肃性。根据调查情况来看，不少接受调查的居民用户抱怨运行电价补贴发放不及时，补贴发放周期过于长，并提出缩短补贴周期，按月从电费中扣除的希望。

电采暖作为开拓电力销售市场的有效举措，A 电力公司担负电采暖推广的重任。公司需要积极落实补贴政策，制定更为细化长效的运行补贴措施建议，监督管控过程，对完成电代煤改造的地区，加强散煤的供给侧管控，强化对用户的监督检查，防止已完成电代煤改造的地区出现散煤复烧。

4.5 本章小结

本章通过问卷调查法、理论研究法与描述性统计分析的方法对采用清洁能源采暖的电能用户管理情况进行调研，接收到最直接的用户需求与不满意情况，并对用户投资运行成本与相关电价进行了分析，从理论与落实情况上分析清洁能源采暖改造工作情况，最终从供给侧和用户侧分别提出了四点存在的问题。至此，为后续针对用户用能的分析与预测提供了扎实的现实基础，也为后续研究确定了方向。

第5章

电力公司清洁能源用户用能意愿影响因素的提取与分析

A 电力公司在公司层面对清洁能源采暖改造工作的运行积累了不少经验与教训，但从第 3 章的环境分析与第 4 章的实地调研情况可以看出，目前公司在清洁能源用户管理工作中，尽管尝试从用户侧提升工作效率，但是由于用户群庞大，数据量较多，导致了用户侧响应并不理想，降低了用户管理效率。因此本章将以第 3 章中公司层面分析情况为导向，根据第 4 章的调研情况从用户侧切入，进行电力公司清洁能源用户用能意愿的影响因素分析，以确定清洁能源用户管理工作中的关键点，进而提升工作效率。

5.1 研究方法选择

目前电力行业相关的影响因素分析方法有主成分分析（PCA）、层次分析、因子分析与灰度关联度分析等，这些方法各有其擅长的应用场景。本章的研究目的是，了解目前对于 A 电力公司营运情况的影响因素中，用户意愿的相关因素对于公司运营会产生什么样的影响。

由于主成分分析法主要目的是将原始变量降维成为少数几个变量，层次分析法多用于方案选择，灰色关联度分析法是用于分析因变量与自变量之间的关系，而因子分析主要进行是从多个变量中寻找关键变量，因此选择了因子分析的方法进行研究。

5.2　用户意愿影响因素分析样本选择

根据第 4 章调查问卷的情况，选择的是陕西省西安市、咸阳市、渭南市、宝鸡市、铜川市五个市 495 户进行研究，由于这些标签用户是 A 电力公司在进行清洁能源采暖改造工作中选中的用户，并且已经完成了电采暖相关改造工作，同时，这些用户对于电采暖已经有了一定的认识，形成了一定的改造后用电行为特点，因此这些用户更具研究价值。

5.3　用户意愿影响因素提取

5.3.1　影响因素提取原则

影响因素的提取主要遵循以下五点原则：

1）科学性。科学性是指影响因素的选择要建立在严谨且科学的调查研究之上，并且要符合现实情况，能够反映出用户特质或行为特点，影响因素的定义要明确且精准，并要注意运算口径的统一。

2）可度量性。可度量性是指影响因素范围、规模以及需求等因素都可以被度量。

3）全面性。全面性是指影响因素的选择要能够覆盖用户细分的各个方面，确保不会遗漏用户的关键信息，以便在关键影响因素筛选过程中能够不遗失用户的重要信息。

4）典型性。典型性是指在考虑全面性的同时，需要定位出对用户细分影响较大的因素，并作为典型影响因素加以考虑，以便在体现科学性的同时减少次要工作量。

5）独立性。独立性是指每个影响因素间要相互独立，以免出现不同影响因素间产生一定的关系，导致结果不符合科学性原则。

5.3.2 影响因素提取

在问卷调查阶段，针对清洁能源采暖用户用能意愿相关影响因素初步归纳整理出了三类影响因素，见表5-1。但这些因素是否符合前文提出的五点原则呢？下面来具体分析并加以筛选。

表5-1 初步提出的三类影响因素

影响因素	具体因素	数值类型
自然与经济因素	家庭年收入	字符型
	地理环境	字符型
	冬季平均气温	数值型
	夏季平均气温	数值型
	居住环境	字符型
用户用电相关因素	使用习惯	字符型
	采暖面积	数值型
	人口数量	数值型
	保温层情况	字符型
	电价类型	字符型

（续）

影响因素	具体因素	数值类型
采暖改造工作相关因素	原资源用量	数值型
	原资源价钱	数值型
	改造时间	数值型
	电器类型	字符型
	电器品牌	字符型
	设备功率	数值型
	补贴情况	字符型
	补贴政策普及情况	布尔型

1. 自然与经济因素

自然与经济因素主要是指用户所在地的自然地理环境与经济状况，主要包括"冬季平均气温""夏季平均气温"与"家庭年收入"等。

在以往的研究中，除了将"冬季平均气温"和"夏季平均气温"作为清洁采暖用户意愿的影响因素，常常有学者将"所在地区"以及"所在地理位置"列为影响因素。本研究中在此方面涉及的变量为平原和山区，因此将这个因素归纳为"地理环境"。综上，本书综合选择了"冬季平均气温""夏季平均气温"和"地理环境"三个影响因素来考虑。

"冬季平均气温"的选择主要考虑到冬季气温的高低直接影响到电能用户冬季采暖的需求，冬季气温的降低直接会导致用户取暖意愿的增加。但随着清洁能源采暖改造工作的展开，许多用户从原有的燃煤取暖方式转变成电采暖方式，采暖方式的转变直接影响着用户取暖行为的变化，因此需要考虑"冬季平均气温"。

"夏季平均气温"的选择是因为有一定数量的用户选择了空调采暖的方式，而且不少用户选择的是双模空调，兼具制冷和制热功能，那么在改变采暖方式的同时也为用户提供了夏天降温的条件。因此，"夏季平均气温"选取的主要作用是反映清洁能源采暖改造工作对于非采暖季有何影响，并同采暖季进行比较分析，避免出现其他影响分析的结果。

"所在地生产总值"与"家庭年收入"的选择主要是从经济角度考虑，研究经济因素在用户用电行为转变中起到的作用。

2. 用户用电相关因素

用户用电相关因素主要是指用户所处的需要采暖的居住环境情况，包括"电价类型""采暖面积""人口数量"和"保温层情况"等。

"电价类型"的具体指标见表5-2，选择该影响因素的目的是为了研究不同电价类型是否会影响用户的用电行为，用户是否会将不同的电价类型加入用电的考量因素中，用户对于不同电价类型的影响是否敏感。

表5-2　电价类型相关指标

类别	指标
电价类型	电采暖电价
	峰谷电价
	阶梯电价

"采暖面积"的选择主要是考虑不同用户家庭条件的不同，居住环境不同，室内采暖面积的差异也会影响采暖方式的选择，采暖行为的变化。同样，"人口数量"的差异是否会影响用户采暖行为的改变也需要进一步研究。

"保温层情况"的选择对于电能用户而言并不是直接体现出影响，但是保温层的配备情况会直接影响用户家庭的保暖情况，进一步影响用户采暖的效果，最终会影响到用户用电行为。由于收集数据中 99.1% 的用户家庭中都安装了保温层,因此取消该项影响因素的分析。

3. 采暖改造工作相关因素

采暖改造工作相关因素主要是指用户采暖改造工作中产生的各种影响,也是重点研究内容。其主要包括"改造时间""电器类型""设备功率"和"补贴情况"等。

"改造时间"的选择是因为改造时间的早晚给了用户不同的时间去接受与适应电采暖的方式,因此该影响因素的选择主要是为了研究实施清洁能源采暖改造的时间的早晚会对用户用电行为产生什么样的影响,以及影响的程度和影响的时间等问题。

"电器类型"和"设备功率"的选择主要是考虑到用户对于不同电器类型的使用意愿的不同,以及不同电器类型的功率差异,它们将会影响到用户的使用频率、使用方式等。该影响因素的选择主要是为了研究用户对于不同类型的电器和功率有什么样的反馈,何种类型的电器和设备功率更易受到用户的青睐供用户使用等相关问题,电器类型见表5-3。

表 5-3　电器类型

电热毯	电炕
小太阳	碳晶板
油汀	电热膜
电热桌	蓄热式电暖器
电燃炉	发热电缆采暖
空调	电锅炉
热风机	其他

"补贴情况"是指在清洁能源采暖改造工作中,电能用户是否

接受了政府机构、电力公司方面的资金补贴或电费补贴等，为研究用户对于不同的补贴情况的响应程度是否会激励用户对电采暖的使用频率等问题，将"补贴情况"设为影响因素之一，具体指标见表5-4。

表5-4 补贴情况相关指标

类别	指标
	无
	一次性购置补贴
	电价补贴
补贴类型	锅炉拆除补贴
	免费领取采暖设备
	其他补贴政策

5.4 用户用能意愿影响因素分析

5.4.1 "因子分析法"基本思想

因子分析是用少数的几个"抽象"变量来描述所有观测变量基本数据结构的一种降低维度的分析方法。因子分析法主要通过探索众多变量之间的内部依赖关系，简化观测数据，将具有相同本质的变量划归一个因子，从而减少变量数目，通过构造因子模型来描述观测数据的数据结构。这种方法是由英国心理学家 C. E. 斯皮尔曼提出的。

1. 因子分析模型

设有 n 个样品，每个样品观测 p 个指标，这 p 个指标之间有较强的相关性（要求 p 个指标相关性较强的理由是很明确的，只有相关性较强才能从原始变量中提取出"公共"因子）。为了便于研究，并消除由于观测量纲的差异及数量级不同所造成的影响，将样本观测数据进行标准化处理，使标准化后的变量均值为 0，方差为 1。为便捷起见，把原始变量及标准化后的变量向量均用 X 表示，用 $F_1, F_2, \cdots, F_m (m < p)$ 表示标准化的公共因子，如果：

$X = (X_1, X_2, \cdots, X_p)'$ 是可观测随机向量，且均值向量 $E(X) = 0$，协方差矩阵 cov $(X) = \Sigma$，且协方差矩阵 Σ 与相关矩阵 R 相等。

$F = (F_1, F_2, \cdots, F_m)' (m < p)$ 是不可观测的变量，其均值向量 $E(F) = 0$，协方差矩阵 $\text{cov}(F) = I$，即向量 F 的各分向量是相互独立的。

$\varepsilon = (\varepsilon_1, \varepsilon_2, \cdots, \varepsilon_p)'$ 与 F 相互独立，且 $E(\varepsilon) = 0$，ε 的协方差矩阵 Σ_ε 是对角方阵：

$$\text{cov}(\varepsilon) = \Sigma_\varepsilon = \begin{bmatrix} \sigma_{11}^2 & & & \\ & \sigma_{22}^2 & & \\ & & \ddots & \\ & & & \sigma_{pp}^2 \end{bmatrix} \tag{5-1}$$

即 ε 的各分量之间也是相互独立的，则模型如式（5-2）所示：

$$\begin{cases} X_1 = \alpha_{11} F_1 + \alpha_{12} F_2 + \cdots + \alpha_{1m} F_m + \varepsilon_1 \\ X_2 = \alpha_{21} F_1 + \alpha_{22} F_2 + \cdots + \alpha_{2m} F_m + \varepsilon_2 \\ \vdots \qquad\qquad\qquad \vdots \\ X_p = \alpha_{p1} F_1 + \alpha_{p2} F_2 + \cdots + \alpha_{pm} F_m + \varepsilon_p \end{cases} \tag{5-2}$$

式 (5-2) 称为因子模型式, 也可以用矩阵形式表示, 如式 (5-3) 所示:

$$X = AF + e \qquad (5-3)$$

其中, 矩阵 A 如式 (5-4) 所示:

$$A = (a_{ij})_{m \times n} \qquad (5-4)$$

矩阵 A 为因子载荷矩阵, a_{ij} 为指标变量 $X_i (i = 1, 2, \cdots, m)$ 在因子 $F_j (j = 1, 2, \cdots, n)$ 上的载荷, a_{ij} 数值越大, 则表示指标变量 X_i 与因子 F_j 的相关程度就越高。

其中 $F = (F_1, F_2, \cdots, F_n), (n < m)$ 是 n 个潜在因子, 这些潜在因子包含了原始变量的大部分信息, 称为公共因子, 因子分析法的目标就是要找出这些公共因子。$e = (e_1, e_2, \cdots, e_n)$ 是 n 个公共因子的特殊因子, 也叫作个性因子。这些特殊因子只包含于某单个原始变量且只对该原始变量有影响。公共因子与特殊因子是相互之间没有影响、彼此独立的。

2. 因子分析法的逻辑路径

因子分析法的逻辑路径如图 5-1 所示。

3. 因子分析法的步骤

(1) 原始变量检验

由于因子分析法是对原有的所有变量 (原始变量) 进行综合变成很少几个评价指标, 要保证这些指标尽可能地能够反映出原有的所有信息, 就要求原始变量之间具有很强的相关性。若变量之间相关性低, 信息重叠少, 那么分析结果就不可能产生公共因子, 也就无法将所有的信息进行综合和浓缩, 最后使用因子分析法将毫无意义。本书根据现实操作中普遍使用的方法, 以及为了

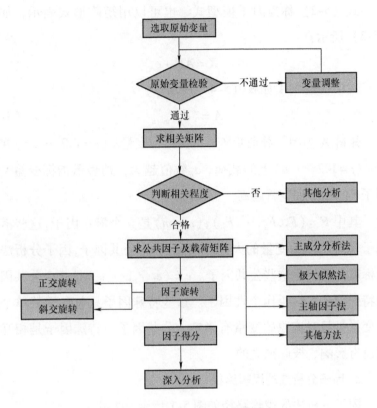

图 5-1　因子分析法的逻辑路径

处理简便，选取了巴特利特球度检验和 KMO 检验来判断原有的变量是否适合进行因子分析。

（2）抽取公共因子

抽取公共因子是因子分析法的关键步骤，决定抽取公共因子的方法有：一般化最小法、加权最小平均法、最大概率法、映像因素抽取法、主轴因子法和主成分分析法。实际中，研究者大多数是采用主成分分析法，并且在 SPSS 25.0 软件使用手册中也建议研究者使用主成分分析法。因此本书也采用主成分分析法来决定抽取公共因子。进行主成分分析时，先要将每个变量的数值转换成标准值。第一个步骤，先将多个变量组成一个多维空间，然后在空间内投射直线以解释最大的方差，所得的直线就是公共因子。该直线最能代表各个变量的性质，而在此直线上的数值构成的一个变量就是第一因子（F_1），但是在空间内还有剩余的方差，所以需要投射第二条直线来解释方差。然后是第二个步骤，即投射的第二条直线与第一条直线成直交关系（即不相关），即代表不同的方面。第二条直线上的数值所构成的一个变量，称为第二因子（F_2）。依据该原理可以求出第三、第四或更多的因子。原则上，因子的数目与原始变量的数目相同，但抽取了主要的因子之后，如果剩余的方差很小，就可以放弃其余的因子，以达到简化数据的目的。

（3）确定公共因子的数量

目前，学术界和实践界都没有精确的定量法来确定因子的数量。但是有两个基本准则可供参考，即碎石图检验准则和特征值准则。碎石图检验准则是依据相关软件绘制出的散点图来判断因子的个数。散点图中的散点曲线先高后低，由陡到平，最后几乎呈平行趋势，在曲线开始变平行的前一个点被认为是最大因子数量。特征值准则是选取所有特征值不小于 1 的成分作为初始因子，而特征值小于 1 的都被放弃。依据特征值准则来选取公共因子的方法是：先依据利用特征值准则来选取初始因子，然后观察所选取的因子对变量的解释程度，若发现所有原始变量的信息都有至少一半被解释了，则可以确定这些初始因子即为可以使用的公共因子；若发现有些变量超过一半的信息被丢失了，则要增加因子数目，重新选择公共因子，并继续观察提取的因子对变量解释程度，直到所有的变量信息都至少有一半被解释时，最终确定公共因子的数量。

（4）对公共因子进行命名

因子命名一般需要进行因子旋转，大多数都采用直交旋转。

（5）计算各因子得分和综合得分

计算各因子得分时，首先将所有公共因子表示成原始变量的组合，然后根据模型计算每个样本的总得分。

5.4.2　数据预处理

本次调研在进行用户满意度调查的同时，还对清洁能源采暖用户相关指标数据进行了收集，因此本部分研究的数据来源及调研过程与本书第 4 章相同。

1. 字符型变量转换

为方便数据分析，需要将字符型变量在转化为数值型变量，在转换过程中主要考虑到以下几点原则。

1）能够反映出原始数据之间的差距，转换为数据后不能影响字符型变量之间的关系。

2）数值型变量独立，避免出现同一类别变量中出现重复变量，影响数据分析结果。

3）考虑字符型变量中多个指标叠加在数值型变量中的体现，避免指标相加同其他指标重复。

字符型变量的转换对应表见表 5-5。

表5-5　字符型变量的转换对应表

类别	指标（字符型变量）	数值型变量	类别	指标（字符型变量）	数值型变量
电价种类	无	0		格力	100
	电采暖电价	1		美的	90
	峰谷电价	2		海尔	80
	阶梯电价	4		安顺市黔创电器有限公司	70
电器类型	其他	15		LG	60
	电热毯	38		奥克斯	50
	小太阳	60		长虹	40
	油汀	83		TCL	35
	电热桌	105		艾美特	30
	电燃炉	128		天津	25
	空调	150		志高	24
	热风机	173		喜梦	23
	电炕	195		海信	22
	碳晶板	218		明宇床垫	21
	电热膜	240	生产厂家	华山	20
	直热式电暖器	263		彩虹	19
	蓄热式电暖器	285		沈阳大元	18
	发热电缆采暖	308		先锋	17
	电锅炉	330		菊花	16
补贴类型	无	0		梦乐科	15
	一次性购置补贴	1		美菱集团	14
	电价补贴	2		大真探	13
	锅炉拆除补贴	4		河北鼎晟	12
	免费领取采暖设备	7		安徽苏立	11
	其他补贴政策	8		湖北省廊坊市国亿电器	10
是否享受补贴	是	1		廊坊国锐	9
	否	0		辽阳亿源玉器有限公司	8
地理环境	平原	1		神州燃气	7
	山区	0		其他品牌	4
所处位置	城中村	1		无	0
	县城	2	使用习惯	8:00—20:00	1
	乡村	3		20:00—次日8:00	2
	城镇小区	4		全天	3

2. z – score 标准化

z – score 标准化又被称为零均值化（zero – mean normalization），是指变量减去它的均值，可理解为一个平移的过程，平移后所有数据的中心是（0，0）。在本书中，得到的样本数据是多个维度的，影响用电量因素有用电行为、用户相关因素等，样本数据就是这样一些样本点，又被称为特征。很显然，这些特征的量纲和数值的量级都是不一样的，如果直接使用原始的数据值（如图 5-2 所示），那么它们对用电量的影响程度将是不一样的，而通过标准化处理，可以使得不同的特征具有相同的尺度（如图 5-3 所示）。简言之，当原始数据不同维度上的特征的尺度（单位）不一致时，需要通过标准化的步骤对数据进行预处理。

z – score 标准化公式如式（5-5）所示：

$$x' = \frac{x - u}{\sigma} \tag{5-5}$$

式中，x 为原始数据；u 是样本均值；σ 是样本标准差。最终将原始数据集标准化为均值为0，方差为1且接近于标准正态分布的数据集。

	18年采暖季月平均用电量	19年高温季月平均用电量	19年常温季月平均用电量	常温季变化额	高温季变化额	采暖季变化额	地理位置	年收入	采暖面积	人口数量	电价类型	用电方式	改造时间	补贴情况	冬季平均气温	夏季平均气温	生产总值
0	1878.6	788.666667	351.25	73.25	-137.333333	-40.6	1510	10.0	84	6	100	80	43425	10	7	30	197.41
1	371.2	210.000000	207.25	20.50	-37.333333	53.2	1510	4.0	91	4	10	160	43796	0	7	30	197.41
2	734.4	370.666667	375.25	72.25	-37.000000	295.8	1560	3.0	30	6	10	80	43749	0	13	28	143.49
3	2202.4	311.000000	422.75	63.00	-412.000000	-448.6	1410	2.0	160	7	10	10240	43756	0	13	28	791.13
4	4335.2	357.333333	269.75	34.00	-124.666667	285.5	1410	5.0	150	7	10	10240	43023	10	13	28	791.13
...	...	...	...	...	...	...	...	...	...	...	...	...	...	...	...	...	...
95	434.6	527.000000	326.75	81.00	79.000000	52.0	4010	4.0	40	4	10	160	43420	1	12	26	401.00
96	409.6	49.666667	43.75	-241.25	-289.666667	-62.2	4010	4.5	60	6	10	160	43420	1	12	26	401.00
97	883.2	453.333333	364.00	112.00	-40.000000	409.8	4010	3.0	30	3	10	160	43420	1	12	26	401.00
98	960.6	381.666667	289.75	-6.50	-152.000000	328.0	4010	4.0	50	5	10	160	43420	1	12	26	401.00
99	405.6	131.666667	106.00	23.00	-104.666667	131.0	4610	3.8	36	4	10	5	43778	1	14	28	241.11

图 5-2　字符型数据转换后数据表

	常温季变化额	高温季变化额	采暖季变化额	地理位置	年收入	采暖面积	人口数量	电价类型	用电方式	改造时间	补贴情况	冬季平均气温	夏季平均气温	生产总值
0	0.365572	-0.614560	-0.472886	-1.096751	0.973017	0.224903	1.308464	-0.770114	-0.294749	0.015786	-0.105599	-2.248723	1.664793	-0.378282
1	-0.073054	-0.066979	-0.143368	-1.096751	-0.278184	0.328906	-0.187561	-0.957469	-0.249238	0.170842	-0.187091	-2.248723	1.664793	-0.376282
2	0.357257	-0.065154	0.708880	-1.060474	-0.486717	-0.577404	1.308464	-0.957469	-0.294749	0.151199	-0.187091	0.586869	0.746003	-0.711134
3	0.280342	-2.118581	-1.906180	-1.169305	-0.695250	1.354075	2.056476	-0.957469	5.485193	0.154124	-0.187091	0.586869	0.746003	3.310818
4	0.039201	-0.545200	0.673047	-1.169305	-0.089650	1.205500	-1.683586	-0.957469	5.485193	-0.152227	-0.105599	0.586869	0.746003	3.310818
...	...	...	...	...	...	...	...	...	...	...	...	...	...	...
95	0.430015	0.570040	-0.147584	0.717090	-0.278184	-0.428828	-0.187561	-0.957469	-0.249238	0.013696	-0.178941	0.114270	-0.172787	0.888046
96	-2.249554	-1.448707	-0.548766	0.717090	-0.173917	-0.131678	1.308464	-0.957469	-0.249238	0.013696	-0.178941	0.114270	-0.172787	0.888046
97	0.687786	-0.081581	1.109359	0.717090	-0.486717	-0.577404	-0.935574	-0.957469	-0.249238	0.013696	-0.178941	0.114270	-0.172787	0.888046
98	-0.297564	-0.694872	0.821997	0.717090	-0.486717	-0.280253	0.560451	-0.957469	-0.249238	0.013696	-0.178941	0.114270	-0.172787	0.888046
99	-0.052266	-0.435683	0.129941	1.152412	-0.319890	-0.488258	-0.187561	-0.770114	-0.337416	0.163319	-0.178941	1.059467	0.746003	-0.104898

图 5-3　标准化处理后数据表

3. 数据清洗

（1）箱形图介绍

箱形图（Box plot）又称为盒须图、盒式图或箱线图，是一种用作显示一组数据分散情况的统计图。因其形状如箱子而得名，在各种领域也经常被使用，常见于品质管理。它主要用于反映原始数据分布的特征，还可以进行组数据分布特征的比较。如图 5-4 所示，箱形图主要包含六个数据节点，将一组数据从大到小排列，分别计算出其上边缘、上四分位数（Q_3）、中位数、下四分位数（Q_1）、下边缘，以及一个异常值。

在一组平行测定所得到的分析数据中，有时会出现个别测定值与其他数据相差较远，这就是异常值，也可称为离群值或逸出值，而箱形图可以直观地显示出异常值，并有效地对其进行修正与清除。

（2）应用箱形图清洗数据

本书通过应用 SPSS 25.0 软件对 19 个影响因素数据进行分析，绘制出如图 5-5 和图 5-6 所示类型的箱形图，以图 5-5 为例，标注位 92、114 和 14 的个体即为离群值所在个体，之后对箱形图中的

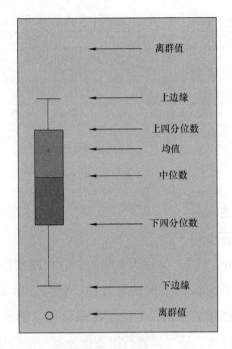

图 5-4　箱形图介绍

离群点进行了清洗，离群值的存在会降低系数的显著度，降低回归方程的拟合效果，本书在 309 个样本数量中清除了 56 个离群值。

5.4.3　影响因素初步分析

影响因素初步分析有以下步骤。

（1）巴特利特球度检验和 KMO 检验

巴特利特球度检验是看相关矩阵是否为单位矩阵。若相关矩阵是单位矩阵，则认为不适合建立因子分析模型；若相关矩阵不是单位矩阵，则认为适合建立因子分析模型。巴特利特球度检验的检验方法是：先假设相关矩阵是单位矩阵，若不能拒绝该假设，

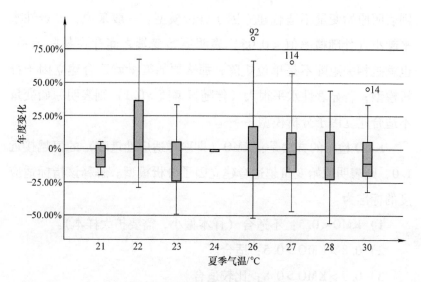

图 5-5 夏季气温影响因素的箱形图

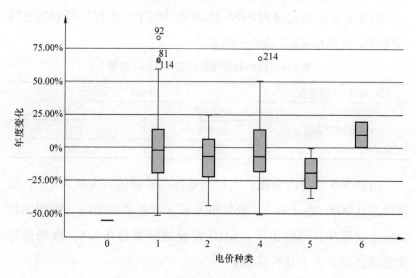

图 5-6 电价种类影响因素的箱形图

则表明原始变量不适合建立因子分析模型。一般来说，显著性水平越小（伴随概率值 <0.05）表明原始变量之间存在某些关系，也就是相关矩阵不是单位矩阵，那么原始变量就适合建立因子分析模型；若显著性水平很大（伴随概率值 >0.1）则表明原始变量不适合建立因子分析模型。

KMO 检验的方法是：KMO（即取样适应性量度）的值越接近 1.0，则表明原始变量越适合建立因子分析模型。解释该指标适应度的标准为

1）KMO <0.5：不适合（样本偏小，需要扩大样本）。

2）0.8 > KMO > 0.5：适合。

3）0.9 > KMO > 0.8：比较适合。

4）KMO >0.9：非常适合。

表 5-6 显示的是通过 SPSS 25.0 软件因子分析程序得到的巴特利特球度检验和 KMO 检验的结果。

表 5-6　巴特利特球度检验和 KMO 检验

KMO 取样适切性量数		0.628
巴特利特球度检验	近似卡方	1802.145
	自由度	171
	显著性	0.000

由表 5-6 中可以看出，巴特利特球度检验的自由度为 171，显著性为 0.000，小于 0.5，表明相关矩阵不是单位矩阵，说明原始变量之间存在共同的因子；KMO 检验的结果是 0.628，表明原始变量适合建立因子分析模型。

（2）公共因子的确定

由于指标变量众多且多数具有相关性，为排除主观上的误差

以及变量间的相关性，本书通过统计特征值准则选取公共因子，使分析既具有科学性，又具有便捷性。表5-7为公共因子方差表，说明了提取出来的公共因子对每个变量的解释程度。

表5-7　公共因子方差表

影响因素	初始	提取
电价种类	1.000	0.565
采暖面积	1.000	0.466
原资源用量	1.000	0.806
原资源价钱	1.000	0.778
电器种类	1.000	0.450
设备功率	1.000	0.718
生产厂家	1.000	0.427
电器价格	1.000	0.729
常住人口	1.000	0.299
地理环境	1.000	0.545
居住环境	1.000	0.700
家庭年收入	1.000	0.585
改造时间	1.000	0.470
使用习惯	1.000	0.621
补贴政策普及情况	1.000	0.517
补贴情况	1.000	0.547
夏季气温	1.000	0.892
冬季气温	1.000	0.815
生产总值	1.000	0.624

（提取方法：主成分分析法）

从公共因子方差表中可以得出，公共因子对于仅有47%的变量解释程度能达到60%，也表明所选择的变量和收集到的数据在反映清洁能源采暖用户的用电量等特点程度一般，因此需要对变量进行调整并进一步数据清理及相关工作。而从公共因子方差表中可以看出，电器种类、常住人口、生产厂家、采暖面积以及改造时间的提取值低于 0.5，其中生产厂家与常住人口的提取值最低，因此需要在接下来的分析中进行研究是否需要删除某些变量。

图 5-7 所示为碎石图，反映了各因子的因子地位，折线斜率从 7 号组件开始变缓，但从特征值上看，6 号组件特征值依然大于 1，而 7 号组件特征值已经小于 1，根据特征值选择了 6 个成分后，特征值的差别相对变得较小，因此初步提取了 6 个因子作为公共因子。从表 5-8 旋转前的总方差解释表中可以看到，因子 1 的解释方差为 17.387%，意味着因子 1 可以单独解释原始变量信息的 17.387%；因子 2 的解释方差为 12.413%，意味着因子 2 可以单独解释原始变量信息的 12.413%，因子 2 的累计方差为 29.8%，意味着因子 1 和因子 2 一起可以解释原始变量信息的 29.8%；因子 3 的解释方差为 11.025%，意味着因子 3 可以单独解释原始变

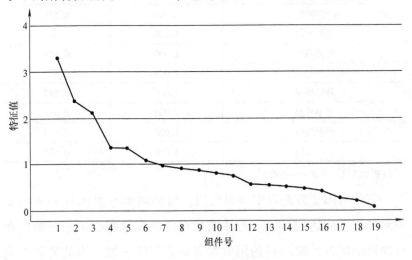

图 5-7　碎石图

量信息的 11.025%，因子 3 的累计方差为 40.825%，意味着因子 1、因子 2 和因子 3 一起可以解释原始变量信息的 40.825%。依此类推。由表中可以看出，初步提取的 6 个公共因子的累计方差为 60.797%，意味着所提取的 6 个公共因子一起可以解释原始变量的信息的 60.797%，对于原始的 19 个变量而言，解释力度略显不足，因此需要对变量进行相关调整。

表 5-8　总方差解释表

成分	初始特征值			提取载荷二次方和			旋转载荷二次方和		
	总计	方差（%）	累计（%）	总计	方差（%）	累计（%）	总计	方差（%）	累计（%）
1	3.303	17.387	17.387	3.303	17.387	17.387	2.597	13.670	13.670
2	2.358	12.413	29.800	2.358	12.413	29.800	2.510	13.211	26.881
3	2.095	11.025	40.825	2.095	11.025	40.825	1.885	9.918	36.800
4	1.359	7.151	47.976	1.359	7.151	47.976	1.741	9.164	45.964
5	1.353	7.121	55.097	1.353	7.121	55.097	1.443	7.597	53.560
6	1.083	5.700	60.797	1.083	5.700	60.797	1.375	7.236	60.797
7	0.975	5.129	65.926						
8	0.899	4.733	70.659						
9	0.873	4.595	75.254						
10	0.803	4.228	79.482						
11	0.751	3.951	83.433						
12	0.570	3.000	86.433						
13	0.554	2.914	89.347						
14	0.521	2.742	92.088						
15	0.491	2.586	94.674						
16	0.425	2.237	96.911						
17	0.276	1.453	98.365						
18	0.238	1.254	99.619						
19	0.072	0.381	100.000						

（提取方法：主成分分析法）

接下来计算并分析提取出来的 6 个因子对 19 个变量的因子载荷。由于方差最大旋转法能够使本来就大的因子载荷变得更大，本来就小的因子载荷变得更小，有利于找出概念明确的主因子，因此本书选取了方差最大旋转法，得到的旋转后的因子载荷矩阵见表 5-9。

表 5-9　旋转后的成分矩阵

因子	成分					
	1	2	3	4	5	6
电价种类	-0.269	-0.174	-0.241	-0.624	0.081	0.094
采暖面积	0.503	0.133	0.163	-0.234	-0.262	-0.213
原资源用量	-0.068	-0.054	0.868	-0.106	-0.172	0.063
原资源价钱	0.142	0.089	0.862	0.026	-0.005	0.072
电器种类	0.289	-0.471	-0.029	-0.334	0.000	0.179
设备功率	0.723	-0.127	0.228	0.191	0.181	0.241
生产厂家	0.623	0.011	-0.193	0.010	-0.042	0.015
电器价格	0.821	0.011	0.086	0.196	-0.002	0.092
常住人口	0.436	0.233	0.030	-0.088	-0.151	-0.151
地理环境	0.305	0.569	0.219	0.249	-0.097	0.093
居住环境	-0.040	0.015	-0.091	-0.018	0.830	0.024
家庭年收入	0.071	0.260	0.220	-0.106	-0.583	0.338
改造时间	0.004	0.203	0.212	-0.414	0.422	-0.184
使用习惯	-0.009	0.096	-0.078	0.293	0.206	-0.691
补贴政策普及情况	0.036	0.261	0.090	0.278	0.037	0.601
补贴情况	0.005	-0.024	-0.181	0.713	0.068	-0.010
夏季气温	0.154	0.923	-0.006	-0.054	-0.066	0.087
冬季气温	-0.061	0.892	-0.060	-0.084	0.049	0.054
生产总值	0.510	-0.010	0.070	0.405	0.101	-0.429

从表 5-9 中可以看出不同因子在不同成分中的对应关系，若每个因子的"因子载荷系数"绝对值大于 0.4，则该因子同公共因子有着对应关系。针对表 5-9 旋转后的成分矩阵进行分析，得

到表 5-10 的公共因子的对应表。从表中可以看到，各因子在其相关的公共因子的载荷数，尽管每个系数载荷绝对值都大于 0.4，但存在个别因子载荷数较小的情况，如电器种类、常住人口、改造时间这三个变量存在载荷值较小的情况，因此应考虑是否删除。其中常住人口、电器种类在总解释方差中同样不达标，电器种类同 2 号公共因子中其他变量的关系并不紧密，因此考虑删除；而改造时间由于是本次研究的重点考虑因素，因此予以保留。在总解释方差中，还有生产厂家不达标，尽管其在因子载荷上表现及格，但由于其解释度较差，因此对该变量进行删除。

表 5-10　公共因子对应表

因子	成分					
	1	2	3	4	5	6
电价种类				-0.624		
采暖面积	0.503					
原资源用量			0.868			
原资源价钱			0.862			
电器种类		-0.471				
设备功率	0.723					
生产厂家	0.623					
电器价格	0.821					
常住人口	0.436					
地理环境		0.569				
居住环境					0.830	
家庭年收入					-0.583	
改造时间				-0.414	0.422	
使用习惯						-0.691
补贴政策普及情况					0.601	
补贴情况				0.713		
夏季气温		0.923				
冬季气温		0.892				
生产总值	0.510			0.405		-0.429

经过初步分析之后，确定了删除常住人口、电器种类以及生产厂家的优化方案，同时需要对变量删除后再度进行数据清洗工作，之后再次进行因子分析。

5.4.4 关键影响因素提取与分析

在对数据进行调整与数据清洗之后，保留了 245 个样本，再度进行因子分析。

（1）巴特利特球度检验和 KMO 检验

表 5-11 显示的是通过 SPSS 25.0 软件优化后的巴特利特球度检验和 KMO 检验结果。

表 5-11 优化后数据集巴特利特球度检验和 KMO 检验结果

KMO 取样适切性量数		0.626
巴特利特球度检验	近似卡方	1292.119
	自由度	136
	显著性	0.000

从表 5-11 中可以看出，显著性依然合格，KMO 值仍然处在 0.5 ~ 0.8 的区间内，依然是适合做因子分析的。因此接下来将继续采用优化后的数据进行因子分析。

（2）公共因子的确定

表 5-12 为公共因子方差表，说明了提取出来的公共因子对优化后的每个变量的解释程度。

表 5-12 公共因子方差表

影响因素	初始	提取
电价种类	1.000	0.506
原资源用量	1.000	0.852

（续）

影响因素	初始	提取
原资源价钱	1.000	0.831
设备功率	1.000	0.763
电器价格	1.000	0.788
地理环境	1.000	0.612
居住环境	1.000	0.786
家庭年收入	1.000	0.638
改造时间	1.000	0.756
使用习惯	1.000	0.691
补贴政策普及情况	1.000	0.756
补贴情况	1.000	0.671
夏季气温	1.000	0.931
冬季气温	1.000	0.896
生产总值	1.000	0.689
采暖面积	1.000	0.686

（提取方法：主成分分析法）

从公共因子方差表中可以得出，公共因子对于高达93.75%的变量解释程度能达到60%，也表明所选择的变量和收集到的数据在反映清洁能源采暖用户的用电量等特点方面效果不错，说明数据集优化后效果解释效果显著。而从公共因子方差表中可以看出，仅有电价种类的提取值低于0.6，而由于电价种类是本书的重点，因此在分析中予以保留。

图5-8所示为碎石图，反映出了各因子的因子地位，折线斜率从8号组件开始变缓，但从特征值上看7号组件特征值依然大于1，而8号组件特征值已经小于1，因此根据特征值选择了7个成分。

从表5-13数据集优化后旋转前的总方差解释表中可以看到因子1的解释方差为19.6%，意味着因子1可以单独解释原始变量

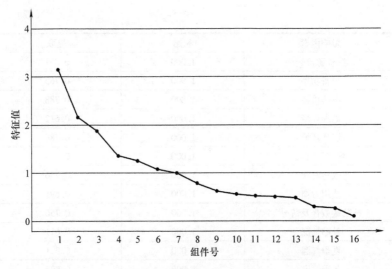

图 5-8 数据集优化后的碎石图

信息的 19.6%；因子 2 的解释方差为 13.452%，意味着因子 2 可以单独解释原始变量信息的 13.452%，因子 2 的累计方差为 33.052%，意味着因子 1 和因子 2 一起可以解释原始变量的信息的 33.052%。

表 5-13　数据集优化后旋转前的总方差解释表

成分	初始特征值			提取载荷二次方和			旋转载荷二次方和		
	总计	方差 (%)	累计 (%)	总计	方差 (%)	累计 (%)	总计	方差 (%)	累计 (%)
1	3.136	19.600	19.600	3.136	19.600	19.600	2.461	15.382	15.382
2	2.152	13.452	33.052	2.152	13.452	33.052	2.239	13.992	29.374
3	1.873	11.706	44.757	1.873	11.706	44.757	1.718	10.737	40.110
4	1.356	8.475	53.233	1.356	8.475	53.233	1.485	9.279	49.390
5	1.266	7.910	61.143	1.266	7.910	61.143	1.474	9.209	58.599
6	1.063	6.643	67.786	1.063	6.643	67.786	1.303	8.142	66.741
7	1.004	6.274	74.060	1.004	6.274	74.060	1.171	7.319	74.060

（续）

成分	初始特征值			提取载荷二次方和			旋转载荷二次方和		
	总计	方差(%)	累计(%)	总计	方差(%)	累计(%)	总计	方差(%)	累计(%)
8	0.784	4.903	78.963						
9	0.627	3.916	82.879						
10	0.560	3.498	86.377						
11	0.525	3.284	89.661						
12	0.523	3.269	92.929						
13	0.479	2.991	95.920						
14	0.300	1.873	97.793						
15	0.272	1.703	99.496						
16	0.081	0.504	100.000						

（提取方法：主成分分析法）

因子 3 的解释方差为 11.706%，意味着因子 3 可以单独解释原始变量信息的 11.706%，因子 3 的累计方差为 44.757%，意味着因子 1、因子 2 和因子 3 一起可以解释原始变量的信息的 44.757%。依此类推。由表 5-13 中可以看出，优化后提取的 7 个公共因子的累计方差为 74.060%，意味着所提取的 7 个公共因子一起可以解释原始变量的信息的 74.060%，对于原始的 16 个变量而言，解释力度不错，相比原数据集 60.797% 的累计率，优化效果显著。

接下来再次计算并分析提取出来的 7 个因子对 16 个变量的因子载荷，由于方差最大旋转法能够使本来就大的因子载荷变得更大，本来就小的因子载荷变得更小，有利于找出概念明确的主因子，因此依然选取了方差最大旋转法，得到的旋转后的因子载荷矩阵见表 5-14。

表 5-14   数据集优化后旋转后的成分矩阵

因子	成分						
	1	2	3	4	5	6	7
电价种类	−0.411	−0.126	−0.189	−0.374	−0.193	−0.280	0.171
原资源用量	−0.061	−0.045	0.898	−0.039	0.184	0.000	0.070
原资源价钱	0.243	0.100	0.871	−0.037	−0.016	−0.002	−0.026
设备功率	0.814	−0.072	0.170	−0.181	−0.079	0.162	0.025
电器价格	0.877	0.095	0.005	−0.064	0.055	0.043	0.013
地理环境	0.300	0.516	0.183	0.231	0.215	0.334	0.103
居住环境	0.071	0.068	−0.108	0.004	−0.869	−0.058	0.073
家庭年收入	0.070	0.331	0.097	−0.403	0.578	0.035	−0.126
改造时间	−0.104	0.056	0.035	0.032	−0.167	0.037	0.843
使用习惯	−0.065	0.032	−0.062	0.813	−0.102	−0.057	0.084
补贴政策普及情况	0.052	0.114	0.054	−0.221	0.057	0.819	0.123
补贴情况	0.067	−0.081	−0.160	0.416	−0.044	0.613	−0.288
夏季气温	0.090	0.955	0.003	−0.040	0.069	0.038	0.055
冬季气温	−0.114	0.937	−0.008	−0.001	−0.071	−0.017	0.006
生产总值	0.674	−0.004	0.001	0.450	−0.054	−0.108	−0.131
采暖面积	0.445	0.046	−0.001	0.035	0.448	−0.126	0.518

从表 5-14 中可以看出，不同因子在不同成分中的对应关系，若每个因子的"因子载荷系数"绝对值大于 0.4，则该因子同公共因子有着对应关系。针对表 5-14 旋转后的成分矩阵进行分析，得到表 5-15 的同公共因子的对应表。从表中可以看到各因子在其相关的公共因子的载荷数，尽管电价种类的载荷值较低，但所有变量的载荷数绝对值均大于 0.4，因此均予以保留。

表 5-15　公共因子对应表

因子	成分						
	1	2	3	4	5	6	7
电价种类	-0.411						
原资源用量			0.898				
原资源价钱			0.871				
设备功率	0.814						
电器价格	0.877						
地理环境		0.516					
居住环境					-0.869		
家庭年收入				-0.403	0.578		
改造时间							0.843
使用习惯				0.813			
补贴政策普及情况						0.819	
补贴情况				0.416		0.613	
夏季气温		0.955					
冬季气温		0.937					
生产总值	0.674			0.450			
采暖面积	0.445				0.448		0.518

　　为了对相关因子进行分析，对表 5-15 通过行列式变换调整成为表 5-16 的形式，可以看出 16 个变量已经被分为 7 个成分（因子），且每个因子载荷都在 0.4 以上。

　　综上所述，对原始数据集优化后，各项检验均已通过，因子分析结果良好。

表 5-16　优化后数据集的因子分析矩阵

因子	1	2	3	4	5	6	7
电价种类	-0.411						
设备功率	0.814						
电器价格	0.877						
生产总值	0.674			0.450			
夏季气温		0.955					
冬季气温		0.937					
地理环境		0.516					
原资源用量			0.898				
原资源价钱			0.871				
使用习惯				0.813			
家庭年收入				-0.403	0.578		
采暖面积	0.445				0.448		0.518
居住环境					-0.869		
补贴政策普及情况						0.819	
补贴情况				0.416		0.613	
改造时间							0.843

5.5　用户用能意愿影响因素分析结果解释

1. 因子得分

针对已经提取出来的各因子进行因子得分计算，得到表 5-17。

表 5-17　成分得分系数矩阵

因子	成分						
	1	2	3	4	5	6	7
电价种类	-0.094	-0.020	-0.080	-0.245	-0.112	-0.135	0.121
原资源用量	-0.124	-0.058	0.557	0.059	0.030	-0.004	0.032
原资源价钱	0.028	0.025	0.537	-0.001	-0.155	-0.043	-0.073

（续）

因子	成分						
	1	2	3	4	5	6	7
设备功率	0.365	−0.072	0.028	−0.217	−0.163	0.080	0.012
电器价格	0.396	0.011	−0.097	−0.124	−0.034	−0.052	−0.005
地理环境	0.036	0.183	0.055	0.167	0.098	0.187	0.092
居住环境	0.103	0.096	0.033	−0.115	−0.655	−0.002	0.023
家庭年收入	0.012	0.116	−0.046	−0.226	0.343	−0.031	−0.134
改造时间	−0.060	−0.023	0.018	0.054	−0.094	0.120	0.736
使用习惯	−0.092	0.027	0.025	0.585	0.043	−0.072	0.107
补贴政策普及情况	−0.044	−0.032	−0.009	−0.191	−0.046	0.684	0.163
补贴情况	−0.041	−0.065	−0.073	0.233	−0.005	0.467	−0.167
夏季气温	0.008	0.440	−0.041	−0.025	−0.028	−0.056	−0.017
冬季气温	−0.072	0.456	−0.005	0.005	−0.113	−0.080	−0.065
生产总值	0.281	0.003	−0.024	0.253	−0.027	−0.184	−0.114
采暖面积	0.174	−0.050	−0.122	0.073	0.343	−0.130	0.455

（提取方法：主成分分析法；旋转方法：凯撒正态化最大方差法）

根据表 5-17 中各因子的得分系数矩阵，可以算出每个因子的各项变量占比。

2. 各影响因素得分计算

由于在因子分析中已经得出各公共因子提取载荷的百分比以及各项变量在各公共因子中的得分，因此可以计算出各个变量的影响效果。

设公共因子为 F，得分系数为 S，方差百分比为 p，变量得分 VS，得出各影响因素影响效果得分公式如式（5-6）所示：

$$\mathrm{VS}_i = \sum_{m=1}^{7}(S_{F_m} \times p_{F_m}), i = (1,2,\cdots,16), m = (1,2,\cdots,7)$$

（5-6）

根据式（5-6），对各影响因素得分计算得出表5-18。

表5-18 各影响因素得分计算结果

因子	1	2	3	4	5	6	7
电价种类	-1.840601						
设备功率	7.1609114						
电器价格	7.7711177						
生产总值	5.5022684						
夏季气温		5.9237158					
冬季气温		6.1379174					
地理环境		2.4571655					
原资源用量			6.5200006				
原资源价钱			6.2905495				
使用习惯				4.9621944			
家庭年收入					2.716008		
采暖面积					2.7151034		
居住环境					-5.184452		
补贴政策普及情况						4.5422837	
补贴情况						3.0993223	0
改造时间							4.6202737

对16个变量的得分进行排序，得到表5-19。

表5-19 各变量得分排序表

因子	得分	排序
电器价格	7.7711177	1
设备功率	7.1609114	2
原资源用量	6.5200006	3
原资源价钱	6.2905495	4
冬季气温	6.1379174	5

（续）

因子	得分	排序
夏季气温	5.9237158	6
生产总值	5.5022684	7
居住环境	−5.184452	16
使用习惯	4.9621944	8
改造时间	4.6202737	9
补贴政策普及情况	4.5422837	10
补贴情况	3.0993223	11
家庭年收入	2.716008	12
采暖面积	2.7151034	13
地理环境	2.4571655	14
电价种类	−1.840601	15

排序之后，将根据该结果对各影响因素的结果进行分析。

尽管目前已经对影响因素进行了初步计算，得出了 16 个影响因素之间影响关系，但本书的重点在于影响因素对于用电量的影响，因此需要对各个影响因素进行回归分析，判定影响因素究竟会如何对用户用电量进行影响。

3. 因变量与自变量间的相关性分析

由于因子分析法仅能分析出各个影响因素之间的关系，本书研究的目的是分析清洁能源采暖用户各个影响因素对陕西省 A 电力公司的影响，而影响的主要因素即为用户的用电量变化，因此本书选择了用电量年度变化为因变量进行分析。

首先对各变量进行共线性诊断，表 5-20 所示的是针对自变量与因变量的共线性诊断结果。

表 5-20　共线性诊断结果表

因子	共线性统计	
	容差	VIF
电价种类	0.687	1.456
采暖面积	0.725	1.379
原资源用量	0.497	2.013
原资源价钱	0.470	2.128
设备功率	0.464	2.153
电器价格	0.346	2.886
地理环境	0.558	1.792
居住环境	0.760	1.315
家庭年收入	0.654	1.529
改造时间	0.887	1.127
使用习惯	0.775	1.290
补贴政策普及情况	0.833	1.201
补贴情况	0.767	1.304
夏季气温	0.137	7.307
冬季气温	0.166	6.035
生产总值	0.569	1.757

　　从共线性诊断结果中可以看出夏季气温和冬季气温存在极高的共线性，由于研究的是电采暖的用电特点，因此选择删除夏季气温因子。同时原资源价钱也存在共线性问题，并且原资源价钱所反映的资源用量由原资源用量可反映出来，因此同样予以剔除，得到表5-21。

表 5-21　各因子相关情况表

因子	系数	相关性
电价种类	-0.018	负相关
采暖面积	0.003	正相关
原资源用量	-0.043	负相关
设备功率	-0.049	负相关
电器价格	0.114	正相关
地理环境	$4.912E-5$	正相关
居住环境	0.007	正相关
家庭年收入	-0.053	负相关
改造时间	0.091	正相关
使用习惯	-0.077	负相关
补贴政策普及情况	0.071	正相关
补贴情况	0.023	正相关
冬季气温	-0.022	负相关
生产总值	0.042	正相关

　　由于选取的样本数较大，从统计学上进行分析的效果存在较多不确定性，因此仅从系数的相关程度对各影响因素进行分析。从表 5-21 中各因子的相关性结果结合因子排序可以得出各项影响因素的影响程度，见表 5-22。读者可将表 5-22 与前文的表 5-12、表 5-17 和表 5-19 相互对照，从而对分析过程有更清楚的理解。

表 5-22　各因子最终得分表

因子	得分	排序
电器价格	7.771118	正相关
设备功率	7.160911	负相关
原资源用量	6.520001	负相关

（续）

因子	得分	排序
冬季气温	6.137917	负相关
生产总值	5.502268	正相关
居住环境	-5.18445	正相关
使用习惯	4.962194	负相关
改造时间	4.620274	正相关
补贴政策普及情况	4.542284	正相关
补贴情况	3.099322	正相关
家庭年收入	2.716008	负相关
采暖面积	2.715103	正相关
地理环境	2.457166	正相关
电价种类	-1.8406	负相关

4. 分析结果解释

接下来根据表5-22对各因子进行分析。

电器价格：尽管电器价格与因变量（用电量年度变化）为正相关关系，但在共线性诊断中电器价格同设备功率的共线性较高，同时结合现实情况，用户往往都是对同等设备功率的设备会选择价格较为低廉的，因此可将电器价格设定为负相关，即电器价格越低，年度变化值越高。从现实意义上说，电器价格越低，用户的使用意愿越高，因此会造成用电量的增加。

设备功率：设备功率同用电量年度变化成负相关关系，即用户偏向于选择设备功率较小的电采暖设备进行采暖。从用户角度出发，设备功率过大，用户就会调整用电习惯，因此相对功率较小的设备更能增加用户的使用时间。

原资源用量（同原资源价钱）：从现实角度而言，原本用燃煤采暖或燃气采暖的用户，由于习惯于原有的采暖方式，导致其对用电方式的转变并不迅速，仍然需要时间进行用电行为的转变。

冬季气温：冬季气温越高，用户的用电量增加程度越小，冬季气温越低，用户的用电量增加程度越大。

生产总值：用户所处地的生产总值同用户用电量的年度变化值成正相关关系，用户所处地的生产总值越高，用户用电量的增加量也越多，这也符合现实情况。生产总值越高的地区，用户的经济条件总体上是较好的，因此对于电力的使用更加习惯。

居住环境：居住环境同用电量年度变化具有正相关关系，说明居住乡村的用户用电量增幅较高。

使用习惯：使用习惯同用电量年度变化成负相关关系，而使用习惯所对应的数值变量显示，全天候使用对应最大值，8：00 ~ 20：00 对应 1，20：00 ~ 次日 8：00 对应 2，而负相关则显示，使用习惯为全天使用的用户，用电量增加量较小，而白天和晚上使用的用户用电量的增加量较大，同样符合现实情况。

改造时间：改造时间同用电量年度变化成正相关关系，说明改造时间越早的，用电量增加越少，改造时间越晚的用户，用电量增加越多。出现这种情况主要是由于样本数据的范围造成，本书选用了 2017—2019 年的数据，因此会出现改造时间较早的用户增加值在 2017 年之前出现，因此也符合预期。

补贴政策普及情况和补贴情况：补贴政策普及情况和补贴情况同用电量年度变化成正相关关系，说明了解补贴政策的用户更愿意使用电采暖等电器设备，更愿意改变其使用习惯，而享受免费领取采暖设备的用户更愿意使用电器设备，同样用户对于电价补贴政策的响应程度高于一次性补贴。

家庭年收入：家庭年收入同用电量年度变化成负相关关系，由于家庭年收入越高的用户在改造之前同样具有电能设备的用电习惯，因此用电量增长情况相对较小，而家庭年收入较低的用户由于原本对于电能设备的使用频率较低，因此改造后用电量呈现较高的增幅。

采暖面积：采暖面积同用电量年度变化成正相关关系，由于采暖面积的增大，用户需要的热量越多，造成用电量的增长，符合现实情况，同理，采暖面积越小的用户，用电量的增幅相对较小。

地理环境：地理环境同用电量年度变化成正相关关系，说明处于平原地区的用户对电采暖设备的使用更多，处于山区的用户用电习惯改变速度较慢，用电量的增长较低。

电价种类：电价种类同用电量年度变化之间成负相关关系，说明电采暖电价更能促进用户的用电量增长，而用户对于阶梯电价的敏感性较低，用电量的增长也较低。

5.6 本章小结

本章在第 4 章的基础上，采用统计分析的方法，通过因子分析法对 A 电力公司清洁能源采暖用户用能意愿的影响因素进行了分析，选取了陕西省西安市、咸阳市、渭南市、宝鸡市、铜川市五个市 495 户清洁能源采暖用户进行研究，提出了科学性、可度量性、全面性、典型性以及独立性的影响因素提取原则，初步确定了 19 个影响因素，之后通过数据预处理之后采用因子分析的方法，使用 SPSS 25.0 软件确定了 14 个关键因素，并对各影响因素的影响情况进行了分析，确定了各个影响因素对于现实工作的影响情况。影响因素的提出为 A 电力公司明确了相关工作重点，可减少清洁能源用户管理工作中的资源浪费情况，并为预期影响预测提供了模型基础。

第6章

电力公司清洁能源用户细分

电力公司清洁能源用户管理工作不仅包含清洁能源采暖改造工作，同时电力公司如何对已完成改造后的用户提供差异化的用户管理策略也是清洁能源背景下电能用户管理体系创新的重要内容。在第 5 章中已经对用户用能意愿的影响因素结合第 3 章与第 4 章的现实情况分析调研进行了明确，为电能用户管理工作提供了有效的优化方向。但若仅从用户用能意愿角度进行电能用户管理工作优化，则会忽视用户对于清洁能源采暖改造工作的实际响应程度，因此本章根据清洁能源采暖改造工作之后的用户用能数据，对清洁能源用户进行细分，为清洁能源背景下电能用户管理工作的创新提供科学的理论依据。

6.1 细分模型构建

6.1.1 清洁能源用户细分模型构建思路

随着电力体制改革的不断推进，市场竞争的日益激烈，用户需求的不断提高，从原本的基础性需求渐渐发展出更多样化的需求，企业越来越难以采用单一的营销管理策略来满足各类用户的需求，这也对电力企业提出了更高的营销管理要求。在这样的背景下，电力企业对电能用户提供差异化的服务对于提升用户满意度与用户忠诚度具有重要意义。用户细分作为一个发展日臻成熟的营销思想，可以有效地将用户群体划分为多个具有共同特征的细分用户，实现针对具备不同特征的用户群指定具有差异化的营销管理策略的目标。本书针对用户细分模型的构建确定了如下所示的构建思路。

1）确定清洁能源用户细分目标。

2）明确用户细分模型的构建原则。

3）提取用户细分模型细分变量。

4）确定细分模型的算法实现方式。

同时确定了如下模型应用方式。

1）确定细分变量，并根据细分变量要求进行数据收集。

2）数据预处理，包括数据清洗、类型转换、数据标准化等。

3）应用模型算法进行聚类，得到细分结果。

4）对细分结果进行解释说明，并以图形表格来展现。

5）根据细分结果提出营销管理对策建议。

6.1.2　清洁能源用户细分模型构建的目标和原则

1. 模型构建目标

经过多年的发展，电力公司已经发展出多个维度的用户细分标准，包括按市场、用电量、电价类别与可靠性要求，具体划分见表 6-1。从现有的划分标准可以看出，目前电力公司所进行的用户细分管理是针对于整个电能用户市场的划分，但随着"新电改"的不断推进，电力市场的开放度进一步提高，新进入者对原本的电力公司提出了更严峻的挑战，而清洁能源的推进与煤改电的展开也使得居民用户的用电行为发生变化，为了适应清洁能源用户用电行为的变化以及提供更加精细化与差异化的电力服务，应针对细分市场进行二次细分，以提供更加详细的细分用户群为进一步提升服务水平提供理论基础。

表 6-1　现有的电力用户划分标准

编号	划分依据	划分结果
1	销售场所、渠道	直供用户、趸售用户、城市用户与农村用户
2	用户用电量大小	大型用户、中型用户与小型用户
3	电价类别	工业用电、农业用电、商业用电与居民生活用电
4	可靠性要求	一类用户、二类用户与三类用户
5	负荷等级	超高压用户、高压用户、低压用户

本书所研究的居民用户细分目标主要包括两方面内容：

1）对居民用户进行基于清洁能源采暖意愿的细分。根据用户用电行为以及其在煤改电实施后的用电相关信息进行用户细分，再依据细分结果为煤改电的展开优化策略。

2）对已完成清洁能源采暖改造且已经正常使用电采暖设备的用户进行基于用户价值的细分。根据细分结果为具备不同用户价值的清洁能源用户提出提升用户满意度的对策与建议。

2. 模型构建原则

（1）科学性

科学性是指用户细分模型的构建必须要有严谨的理论基础，

细分过程有科学的方法支撑，细分维度有科学的划分依据，同时细分结果也要符合相关领域的理论要求与标准。严谨的科学性是保证细分模型具有科学价值的基本保障之一。

（2）现实性

现实性是指用户细分模型的构建与应用要能够充分体现现实情况，细分过程要紧紧把握现实要求，通过定性分析与定量分析结合的方法，在保证科学性的同时，人为地将现实情况纳入模型构建过程，最终构建的模型也应当具备现实应用价值，细分结果也要符合现实情况。

（3）可获取性

可获取性是指在用户细分模型的构建与应用中，所有的变量都是可以获取的，避免不可获取的变量或获取途径不稳定的变量的存在，以保证模型具有重复应用的价值。

（4）可推广性

可推广性是指构建出的用户细分模型要具备适应不同应用场景的能力，降低由于自然因素和人为因素的变化所产生的误差，在模型构建中要考虑到不同应用场景，设置体现应用场景情况的相关变量，提升模型的应用价值。

6.1.3　用户细分变量提取

由于构建的细分模型是基于清洁能源采暖用户价值的细分，因此用户细分变量提取主要是基于用户价值的提取。

1. 用户细分变量提取原则

细分的提取主要遵循的原则同 5.3.1 节所列的用户意愿影响

因素提取因素相同，分别是科学性、可度量性、全面性、典型性和独立性。

2. 基于清洁能源采暖用户价值的细分变量提取

基于清洁能源采暖用户价值的细分变量较多，且不同的学者针对不同的数据维度与数据规模提出了不同的细分变量，采用较多的包括"年用电量""年度最大负荷""月度用电量""分时用电量""年最大峰谷差"以及"日用电量"等，由于本研究主要针对的是煤改电之后的居民用户的用电行为差异，并且主要从用电量数据进行探索，重点放在采暖季用电量的变化，由于设置用户细分变量并不能充分体现用电量曲线中的特性，因此选择用月份作为细分变量，期望可以构建出细分用户的用电量曲线。

6.1.4 用户细分模型构建

1. 用肘部法则与轮廓系数方法确定清洁能源用户细分初始簇数

由于 K – means 算法存在 K 值的选取不确定的问题，所以选择采用了肘部法则（Elbow Method）与轮廓系数（Silhouette Coefficient）来确定初始 K 值，来优化原始的 K – means 算法，提高其精确度。

（1）肘部法则

肘部法则是用来决定数据集聚类簇数的一种启发式算法，最早可以追溯到 1953 年由 Robert L. Thorndike 提出的相关思想。肘部法则是将可解释变异（即总误差二次方和）绘制为簇数的函数，从绘制出的函数图中选择畸变程度最大的聚类数作为簇数进行下一步的计算。由于绘制出来的函数图类似人类的胳膊，而畸变程度最大的点又类似人类胳膊上的手肘部，因此称为肘部法则。

肘部法则的原理是通过计算一定范围内的 K 值，这个范围是人为设定的，通过在范围内的迭代，计算不同 K 值条件下总误差二次方和的变化，并将计算结果与 K 值分别作为纵坐标与横坐标，绘制出"手肘图"，寻找出导致总误差二次方和畸变程度最大的 K 值。这其中总误差二次方和（Sum of Squares due to Error，SSE）是表示对簇内误差二次方和（SSEi）的求和结果。这种计算方式容易导致聚类效果较好的簇所对应的 SSEi 同聚类效果较差的 SSEi 中和，最终得到相同的 SSE；畸变程度则是指在由 K 值与 SSE 绘制出的函数图像中，K 值对应的是折线的斜率变化最大点，在以往的研究中，往往畸变程度最大的点就是最适宜的 K 值选项，而在肘部法则的应用中，越大的 K 值一般都会对应越小的 SSE，且逐渐趋近于 x 轴。

如图 6-1 所示，随着 K 值的迭代，所细分的簇数不断增长，每个簇内部的聚合程度也会不断提升，同时 SSE 也会逐渐减小。

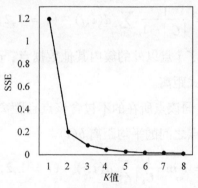

图 6-1　手肘图示例

当 K 值的选择同现实情况较接近时，伴随着簇内的聚合程度的显著提高，SSE 即会出现较大幅度的降低，而当 K 值的选择大于现实情况时，簇内的聚合程度尽管会降低，但优化程度并不会高于最符合现实情况的 K 值对应的 SSE，SSE 的下降程度也相对较低，在这种情况下，手肘图中往往会出现函数曲线斜率出现突然的大幅变动，且随着 K 值的增长不断趋近于横坐标。因此，肘部法则提供了相对科学的初始 K 值选取方法。

（2）轮廓系数法

轮廓系数是通过对簇内紧密程度与簇间分离程度进行评价来确定簇数的一种方式，它提供了一种可视化的结果来对聚类效果进行评价，这种思想由 Peter J. Rousseeuw 在 1987 年发表的《轮廓法：一种聚类分析的表示与验证的图形辅助工具》一文中首先提出。轮廓系数的计算方式如下。

1）计算点 i 同该点所在的簇内其他所有点之间的平均距离 $a(i)$。

$$a(i) = \frac{1}{|C_i| - 1} \sum_{j \in C_i, i \neq j} d(i,j) \quad (i = 1, 2, \cdots, n) \qquad (6\text{-}1)$$

其中，C_i 是指除了 i 点以外的簇内其他数据点；$d(i,j)$ 是指 i 点与其他点之间的欧式距离。

2）计算点 i 同该点所在的不包含该点且距离该点所在簇距离最近的簇内所有点之间的平均距离 $b(i)$。

$$b(i) = \min_{k \neq i} \frac{1}{|C_k|} \sum_{j \in C_i} d(i,j) \quad (i = 1, 2, \cdots, n) \qquad (6\text{-}2)$$

3）计算点 i 的轮廓系数 $s(i)$。

$$\begin{cases} s(i) = \dfrac{b(i) - a(i)}{\max\{a(i), b(i)\}} & |C_i| > 1 \\ \qquad\qquad 0 & |C_i| = 1 \end{cases} \qquad (6\text{-}3)$$

从式中可以看出 $s(i)$ 的取值范围在 $[-1, 1]$ 之内，其绝对值越大则说明簇内的聚合程度与簇间的分离程度越好，即分类的效果越好。

4）计算簇内所有点的轮廓系数，求平均值则得到本次聚类的总轮廓系数，总轮廓系数现在被用来计算整个数据集的聚类效果，记为 SC。

$$SC = \max_k \overline{s}(k) \qquad (6\text{-}4)$$

2. K – means 算法实现清洁能源用户聚类

K – means 算法作为历史最悠久的聚类算法之一，其思想最早由 Hugo Steinhaus 在 1957 年提出，而 James MacQueen 在 1967 年第一次提出了 K – means 这样的表示方式，虽然 Stuart Lloyd 关于 K – means 的算法实现于 1982 年发表于期刊上。经历了多年的发展与演化，K – means 已经演变成最成熟且应用最为广泛的算法之一。

（1）K – means 算法原理

K – means 的目的是将一系列 n 维个体进行划分，尽量使具备同样或者类似特征的个体划分为同一个簇，其基本原理是首先根据输入的参数 K 确定 K 个随机的簇中心，之后计算所有的点与各个簇中心的距离，该距离一般是是指欧式距离，即两个二维坐标之间的直线距离，在三维空间中即两个三维坐标之间的实际距离，扩大到 n 维空间中，欧式距离即两点之间的实际距离，具体的计算随着维度的不同发生变化。对于 n 维空间而言，欧式距离的计算如公式（6-5）所示：

$$d(x,y) = \sqrt{(x_1 - y_1)^2 + (x_2 - y_2)^2 + \cdots + (x_n - y_n)^2}$$

$$= \sqrt{\sum_{i=1}^{n}(x_i - y_i)^2} \qquad (6\text{-}5)$$

计算出各个点与 K 个簇中心的欧式距离后，对点距各中心的距离进行比较，将该点划分给距离最近的中心，完成一轮计算后，对形成的簇进行计算，求出新的簇中心，之后再次进行迭代，直到准则函数误差平方和实现局部最小化，见式（6-6），则停止计算。

$$J(C) = \sum_{K=1}^{K}\sum_{x_i \in c_k} \|x_1 - \mu_k\|^2 \qquad (6\text{-}6)$$

在某些条件下，终止条件也可能是没有点在迭代中被分给不同的簇或者没有簇中心发生变化。其中误差平方和则是基于欧式距离求出的簇内各个点到簇中心的欧式距离之和，用来反映各个簇的相似度，同时通过选择 SSE 差异较大的簇来确保其相似度相对较低，最终形成 K 类的聚类结果。

（2）K-means 算法步骤

K-means 算法步骤如下所示。

1）确定待聚类分析的数据集 D，选取初始簇中心 μ_i 其中 $i = 1, 2, 3, \cdots, K$。

2）针对每个点 x，计算 x 与每个 μ_i 的欧氏距离，选取 min $(di(x,y), i = 1, 2, \cdots, n)$，并将点 x 划分值该簇 G。

3）计算每个簇的误差平方和，同时计算新的聚类中心。

4）若满足终止条件，则停止计算；反之，返回2）继续进行迭代。

（3）K – means 算法的优缺点

K – means 算法的原理相比其他聚类算法而言简单易懂，并且实现途径较多，收敛速度相比其他聚类算法而言也更快；其聚类效果比较好，同时聚类后的结果可解释度也比较强，对于实际应用而言具备很强的指导意义；K – means 算法仅仅需要对 K 值进行调整，这点相对于其他的聚类算法而言简单很多，没有复杂的参数调整，这都是众多学者选择 K – means 算法的原因。尽管如此，它的缺点也是很显著的：首先，K 值并没有严格的选取标准，若选取了不恰当的 K 值，会严重影响聚类结果的科学性与合理性，因此 K 值的选取一直是 K – means 算法需要克服的重要问题之一；其次，K – means 算法是一种局部最优的算法，对于较为复杂或者隐含条件较多的数据集，它存在不能完全深入的挖掘数据信息进行合理聚类的可能性；再有，K – means 算法对于噪声点和离群点十分敏感，若对数据集的预处理不到位，则极有可能因为异常值导致聚类结果偏离现实情况。

3. 改进 K – means 算法实现用户细分模型的构建

由于 K – means 算法存在 K 值无法精确指定的问题，聚类数目无法科学地指定，往往会导致聚类效果不好，与现实情况相背离的情况。在本研究中，采用了肘部法则与轮廓系数确定 K 值，肘部法则用来找到簇内集中程度最高时对应的 K 值，轮廓系数用来确定簇内集中程度较高同时簇间分离程度较高时对应的 K 值，将两种方法相结合，首先通过肘部法则与轮廓系数确定合理的 K 值，可以为 K – means 算法提供比较科学的初始 K 值，避免 K 值选择不当出现的聚类效果不好的问题。

综上所述，所构建的电力公司清洁能源用户细分模型将采用肘部法则、轮廓系数与 K – means 算法相结合的算法进行聚类分析。

6.2 数据收集

为了实现基于清洁能源采暖用户价值的用户细分，并且考虑到用电量数据量大且要求精确度较高的因素，本书从 A 电力公司营销系统中抽取了 2018 年和 2019 年煤改电标签用户共 46.1 万户的从 2017 年 11 月至 2019 年 11 月共 25 个月的用电量数据和用户基本信息，以及包括"改造时间""电器类型""设备功率"等相关数据。

6.3 数据预处理

由于在数据收集阶段收集到的数据通常存在规模庞大、类型混乱、不完全且模糊的、包含各种噪声数据，而对于数据挖掘而言，如果数据集不够整洁，条理性不强，则会大大降低数据挖掘效果，因此首先要对数据集进行预处理。

数据预处理的常用方法包括数据清洗、数据变换、数据规约等，这里所采用的预处理方式包括数据清洗与整理、离群值处理、标准化处理与编码。数据清理与离群值处理方法在本书第 5 章中已详细说明，因此本部分主要介绍编码方式。

6.3.1　One – Hot 编码

　　由于本文的数据集中变量类型不统一，针对混合型变量的数据集，若直接将变量连续化，例如转换为 1，2，3，4，则有可能会偏离实际的分析结果，特征之间距离的是用来聚类的关键函数，常用的距离为欧式距离，因此，为了提高对分类型变量的研究精度，充分挖掘分类型变量的价值，本研究针对离散的分类型变量采用了 One – Hot 编码，One – Hot 编码可以使欧氏距离的计算更为精确。

　　One – Hot 编码又称独热编码或一位有效编码，即将原本的分量变量转换为多个寄存器的多个状态进行表示，即原本由一个变量表示的状态值，现在由多个 0—1 变量进行表示，这样的转换即保留了数据集原有的数据特征，又避免了因直接数值化导致的结果偏差。以本研究的使用习惯为例，用户电采暖使用习惯包括全天候使用、8:00—20:00 使用和 20:00—次日 8:00 使用三种，将原本的使用习惯转换为三个 0—1 变量，见表 6-2。

表 6-2　用电习惯 One – Hot 编码

使用习惯	使用习惯 –1	使用习惯 –2	使用习惯 –3
全天候使用	1	0	0
8:00—20:00	0	1	0
20:00—8:00	0	0	1

　　全天候使用对应的独热编码为 [1, 0, 0]，8:00—20:00 对应的编码为 [0, 0, 1]，20:00—次日 8:00 对应的编码为 [0, 1, 0]。本文对使用习惯与居住环境进行了独热编码，经过这样的转换，离散分类型数据的表示也就更加科学。

6.3.2 二进制编码

对于类别较多的分类离散变量，若采用独热编码，则会导致维度的急剧增长，对于电器类型与电器品牌这样分类较多的指标，采用独热编码就会产生超过三十维的新数据，过高的维度与过于离散的数据对于聚类研究而言会降低聚类效果，稀释数据间联系。

Binary Coding，即二进制编码，对原变量首先进行排序，之后对各项类别的序号转换为二进制编码，这种编码方式可以有效避免聚类过程中由于序号的大小影响其欧氏距离的计算，同时二进制编码相比于独热编码，其维度增长有限，可有效避免维度"爆炸"情况的发生。

这里将电价种类、电器种类、生产厂家、常住人口与补贴情况进行了二进制编码转换，主要步骤如下。

1）由于这几类变量没有大小以及程度上的差异，因此首先对各种分类进行了顺序编号；

2）根据编号利用 Python 软件进行二进制转换。

以电价类型为例，转换过程见表6-3。

表6-3　电价类型二进制编码

变量	类别	序号	二进制编码	最终编码	
电价类型	不清楚	0	0000 – 00 – 00	0	0
	电采暖电价	1	0000 – 00 – 01	0	1
	峰谷电价	2	0000 – 00 – 10	1	0
	阶梯电价	3	0000 – 00 – 11	1	1

经过上述步骤的数据预处理，原本收集的数据就被整理成了适合数据挖掘的标准化数据，最终，基于用电量进行分析的数据集大小为 428972×25 维的数据集，而针对问卷收集的数据最终构成 539×44 维的数据集，至此完成数据预处理。

6.4 用户细分聚类

6.4.1 实现工具

本模型的实现工具主要为 Python 3.8.1 与 IBM SPSS Statistics 25。其中采用 Python 编程语言进行肘部法则、轮廓系数与 K - Means 聚类工作；采用 SPSS 进行辅助计算。

6.4.2 *K* 值的确定

1. 肘部法则

首先根据肘部法则采用 Python 软件对清洁能源采暖用户价值的数据集进行计算，结果如图 6-2 所示，从手肘图中可以看出，当聚类数为 2 与 3 的时候，畸变程度最大，因此可以考虑选择 2 或者 3 为初始 *K* 值。

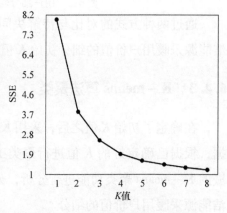

图6-2 基于用户价值聚类手肘图

2. 轮廓系数法

针对清洁能源采暖用户价值的数据集进行计算，结果如图 6-3 所示，从轮廓系数图中可以看出，当聚类数为 2 的时候，簇间距离以及簇内聚集程度最大，但聚类数为 3 的时候轮廓系数依然不小，考虑到用户数量的庞大，两类的划分对于现实问题的解决意义不是很大，因此选择 3 为初始 K 值。

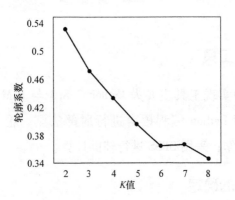

图 6-3　用户细分轮廓系数图

通过两种方式的对比与待解决问题的考虑，最终确定基于清洁能源采暖用户价值的细分初始 K 值为 3。

6.4.3　K-means 算法聚类

在确定了初始 K 值之后，采用 K-means 算法对已处理好的数据，根据已确定好的 K 值进行聚类工作，采用 SPSS 25.0 软件内嵌的 K-means 聚类功能进行分析，分别对居民用户进行了基于清洁能源采暖用户价值的细分。

首先根据预先给定 $K=2$ 确定初始聚类中心，见表 6-4。

表6-4　基于清洁能源采暖用户价值的细分的初始聚类中心

时间	聚类			时间	聚类		
	1	2	3		1	2	3
201711	669	1436	74	201811	975	1434	0
201712	904	4821	84	201812	1465	1501	0
201801	1491	3502	69	201901	3568	232	0
201802	1412	1731	13	201902	2589	329	2
201803	912	1053	16	201903	1382	106	5
201804	700	694	44	201904	941	57	5
201805	642	105	98	201905	796	13	2073
201806	797	33	1005	201906	920	6	0
201807	1271	331	3774	201907	1006	8	0
201808	2587	148	972	201908	1818	119	0
201809	2658	247	0	201909	1726	2	0
201810	1105	27	0	201910	1251	2	0
				201911	1671	1305	0

计算欧式距离，对每个点进行划分并迭代计算，记录见表6-5。

表6-5　基于清洁能源采暖用户价值的细分迭代记录

迭代	聚类中心中的变动		
	1	2	3
1	4214.748	4615.692	4374.431
2	972.349	1156.772	30.984
3	472.267	630.454	46.966
4	73.345	398.910	54.879
5	183.718	234.568	54.734
6	128.144	135.288	43.244

（续）

迭代	聚类中心中的变动		
	1	2	3
⋮	⋮	⋮	⋮
65	0.000	0.005	0.003
66	0.000	0.000	0.000

注：当前迭代为 66。初始中心之间的最小距离为 7947.337。

经过 66 轮迭代之后，聚类中心趋于稳定，最终得到聚类结果见表 6-6。

表 6-6　基于清洁能源采暖用户价值的最终聚类中心

时间	聚类			时间	聚类		
	1	2	3		1	2	3
201711	249	139	50	201811	249	132	44
201712	304	146	47	201812	348	150	43
201801	436	172	49	201901	659	223	53
201802	541	196	51	201902	703	234	58
201803	423	198	64	201903	554	237	72
201804	284	144	45	201904	336	156	46
201805	232	124	40	201905	249	131	42
201806	234	127	42	201906	253	135	45
201807	305	158	47	201907	278	148	49
201808	508	281	73	201908	406	222	67
201809	593	325	82	201909	382	207	66
201810	251	135	44	201910	258	142	50
				201911	269	147	52

至此，分别得到基于清洁能源采暖用户意愿与基于清洁能源采暖用户价值的 K - means 聚类结果，为了方便计算，这里对数据

进行了预处理工作，因此目前得到的聚类中心只是数据的表示形式，还需要对其进行解释与简化以总结出用户细分结果。

如图 6-4 所示，聚类 1 的样本数目为 33559 个，聚类 2 的样本数目为 156645 个，聚类 3 的样本数目为 238768 个。

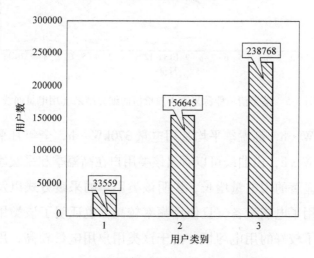

图 6-4　基于清洁能源采暖用户意愿细分结果

6.5　用户细分聚类结果解释

由于基于清洁能源采暖用户价值的用户细分变量是以月份标记的，聚类结果中的数值也就是每个月份的平均用电量，考虑到表格的可视化程度较低，因此根据聚类结果绘制出了如图 6-5 所示的用电量曲线。

第 1 类用户在用户数上是三类用户中最少的，但年度用电量与月用电量都明显高于其他两类用户，在冬季采暖季平均月用电

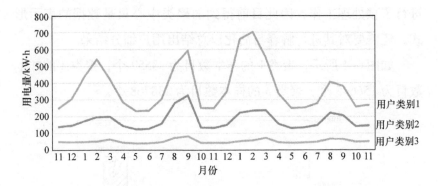

图 6-5　基于清洁能源采暖用户价值的细分结果（用电量曲线）

量 459kW·h，高温季平均月用电量 370kW·h，全年月平均用电量 370kW·h，由曲线可以看出该类用户在高温季和采暖季还出现了极为显著的用电量增长，说明该类用户的采暖方式以及降温方式都采用了电能设备，且使用频率较高，也证明了该类用户已经培养出了较好的用电习惯。由于该类用户用电量较高，用电意愿强烈，因此将该类用户定位为"大型用户"。

第 2 类用户在用户数上高于"大型用户"但低于第 3 类用户，其年度用电量与月用电量低于"大型用户"但高于第 3 类用户，位于中间水平，该类用户在冬季采暖及平均月用电量 180kW·h，高温季平均用电量 200kW·h，年平均用电量 176kW·h，由曲线可以看出该类用户用电量在高温季与采暖季出现了一定程度的增长，但增长幅度不高，说明该类用户尽管已经采用了不同类型的电能设备，且已经培养出了部分用电习惯，但对于电器设备的依赖程度还是有待提高，且其冬季电采暖习惯还需要进一步培养，因此将该类用户定位为"中型用户"。

第 3 类用户在用户数上是三类用户中最高的，但其用电量水平却是三类用户中最低的，采暖季平均月用电量53kW·h，高温季平均月用电量60kW·h，全年月平均用电量53kW·h，同时由曲线也可以看出该类用户在高温季和采暖季并未出现可观的用电量增长，说明该类用户用电规模较小，用电意愿也较低，尽管完成了清洁能源采暖改造，但用户依然不适应或者并未接受该种方式，因此将该类用户定位为"小型用户"。

6.6 基于清洁能源采暖用户价值的用户细分结果

1. 大型用户

"大型用户"用电量高，且有良好的用电习惯，可以看出大型用户的收入水平较高，对于价格敏感程度较低，但由于用电时间较长且用电量较大，可以推测出该类用户对于供电稳定性与故障处理效率要求较高，同时也可以看出该类用户对于清洁能源采暖改造后的用电方式接纳程度较高。对于该类型用户而言，其用电行为的决定性影响因素按照影响程度排序分别为供电稳定性、服务质量、电器设备、设备价格和用电价格。

2. 中型用户

"中型用户"无论是用电量水平还是用电习惯的培养都低于"大型用户"，但又高于"小型用户"，可以看出中型用户的收入水平居中，对于价格的敏感程度一般，同时可以推测出该类用户对于无论是采暖设备还是降温设备都比较看重设备效率，该类用户对于煤改电的接纳程度一般，仍然存在不信任的情况，但同时却也培养出了相应的电能应用的习惯。对于该类型用户而言，其用电行为的决定性影响因素按照影响程度排序分别为设备效率、服务质量、设备价格、用电价格和供电稳定性。

3. 小型用户

"小型用户"的用电量水平和用电习惯都处于三类用户中最低的水平，可以看出小型用户收入水平整体上处于三类用户中最低的水平，同时也包含了用电规模较小的用户：家庭人数较少、房屋面积较小、用电频率较低。且由于数据收集对象大多集中在乡村、县城与城中村地区，集中采暖的影响程度很低，因此该类用户对于价格敏感度很高，更倾向于传统的采暖降温设备，对于煤改电的接纳程度比较低。对于该类型用户而言，其用电行为的决定性影响因素按照影响程度排序分别为用电价格、设备价格、设备效率、服务质量和供电稳定性。

6.7　本章小结

本章通过营销系统抽取的方式收集 A 电力公司的煤改电标签用户用电量数据，通过数据清理、数据标准化与数据转换等方式进行数据预处理，构建清洁能源用户细分模型，并进行模型应用，从清洁能源采暖用户的用户价值维度将用户划分为"大型用户""中型用户"与"小型用户"三类，并分别确定了各细分用户特点以及确定其影响因素。通过用户进行细分，本章为电能用户管理工作提供了差异化服务的理论基础，为提高电力公司电能用户管理效果的配套措施建议的编制提供了科学依据。

第7章

清洁能源用户用电趋势预测

　　清洁能源用户采暖改造工作目前仍在进行中，但电能用户管理工作仍然处在传统电能用户管理过渡阶段，在完成了清洁能源采暖用户用能意愿的影响因素分析与清洁能源采暖用户细分之后，接下来对清洁能源采暖用户对 A 电力公司运行情况的影响进行了预测。本章将在前 6 章的理论基础、政策基础与现实基础之上，结合影响因素分析结果对清洁能源用户采暖改造工作后的公司运行情况发展趋势进行预测，包括售电量的发展趋势以及电网运行情况的发展趋势，为提出提高电力公司电能用户管理效果的优化建议提供科学的理论基础。

7.1　清洁能源用户供给侧管理预测

　　本节将采用多元线性回归预测模型，结合清洁能源采暖用户用能意愿影响因素对清洁能源用户供给侧管理进行预测。

7.1.1 多元线性回归预测模型构建

1. 多元线性回归模型

（1）模型

多元线性回归模型通常用来研究一个因变量依赖多个自变量的变化关系，如果二者的依赖关系可以用线性形式来刻画，则可以建立多元线性模型来进行分析。

多元线性回归模型通常用来描述变量 y 和 x 之间的随机线性关系，设随机变量 y 与一般变量 x_1, x_2, $\cdots$, x_p，即

$$y = \beta_0 + \beta_1 x_1 + \beta_2 x_2 + \cdots + \beta_p x_p + \varepsilon \tag{7-1}$$

式中，β_0，β_1，$\cdots$，β_p 是 $p+1$ 个未知参数，β_0 称为回归常数，β_1，β_2，$\cdots$，β_p 称为回归系数；y 称为解释变量（因变量），而 x_1，x_2，$\cdots$，x_p 是 p 个可以精确测量并可控制的一般变量，称为解释变量（自变量）；当 $p \geqslant 2$ 时，该式称为多元线性回归模型；ε 是随机误差。对随机误差我们常假定：

$$\begin{cases} E(\varepsilon) = 0 \\ \mathrm{var}(\varepsilon) = \sigma^2 \end{cases} \tag{7-2}$$

对一个实际问题，如果获得 n 组观测数据（x_{i1}，x_{i2}，$\cdots$，x_{ip}；y_i）（$i = 1$，2，$\cdots$，n），则线性回归模型可表示为

$$\begin{cases} y_1 = \beta_0 + \beta_1 x_{11} + \beta_2 x_{12} + \cdots + \beta_p x_{1p} + \varepsilon_1 \\ y_2 = \beta_0 + \beta_1 x_{21} + \beta_2 x_{22} + \cdots + \beta_p x_{2p} + \varepsilon_2 \\ \vdots \\ y_n = \beta_0 + \beta_1 x_{n1} + \beta_2 x_{n2} + \cdots + \beta_p x_{np} + \varepsilon_n \end{cases} \tag{7-3}$$

写成矩阵形式为

$$y = X\beta + \varepsilon \qquad (7\text{-}4)$$

式中:

$$
y = \begin{bmatrix} y_1 \\ y_2 \\ \vdots \\ y_n \end{bmatrix}, X = \begin{bmatrix} 1 & x_{11} & x_{12} & \cdots & x_{1p} \\ 1 & x_{21} & x_{22} & \cdots & x_{2p} \\ \vdots & \vdots & \vdots & \vdots & \vdots \\ 1 & x_{n1} & x_{n2} & \cdots & x_{np} \end{bmatrix}
$$

$$
\beta = \begin{bmatrix} \beta_0 \\ \beta_1 \\ \vdots \\ \beta_p \end{bmatrix}, \varepsilon = \begin{bmatrix} \varepsilon_1 \\ \varepsilon_2 \\ \vdots \\ \varepsilon_n \end{bmatrix} \qquad (7\text{-}5)
$$

矩阵 X 是一个 $n \times (p+1)$ 矩阵,称 X 为回归设计矩阵或资料矩阵。

(2) 检验

多元线性回归模型在得到参数的最小二乘法的估计值之后,需要进行必要的检验与评价,以决定模型是否可以应用。主要方法包括拟合程度的测定,即多元线性回归中的多重可决系数 R^2,它是回归方程解释的变动(回归平方和)在因变量的总变化中所占的比重。计算公式为

$$R^2 = \frac{\sum (\hat{y} - \bar{y})^2}{\sum (y - \bar{y})^2} = 1 - \frac{\sum (y - \hat{y})^2}{\sum (y - \bar{y})^2} \qquad (7\text{-}6)$$

式中:

$$
\sum (y - \hat{y})^2 = \sum y^2 - (b_0 \sum y + b_1 \sum x_1 y +
$$
$$
b_2 \sum x_2 y + \cdots + b_k \sum x_k y) \qquad (7\text{-}7)
$$

$$\sum (y - \bar{y})^2 = \sum y^2 - \frac{1}{n}(\sum y)^2 \tag{7-8}$$

估计标准误差即回归方程求出的估计值 $\hat{y}$ 与因变量 y 的实际值之间的标准误差，拟合程度 v_k 随估计标准误差 S_y 变化而变化，如式 (7-9)

$$S_y = \sqrt{\frac{\sum (y - \hat{y})^2}{n - k - 1}} \tag{7-9}$$

$$v_k = \frac{S_y}{y} \tag{7-10}$$

式中，k 为多元线性回归方程中的自变量的个数；y 为因变量；S_y 为标准误差；v_k 为拟合程度。

回归方程的显著性检验即检验整个回归方程的显著性，也可以说是评价因变量与所有自变量的线性关系是否密切，如式 (7-11) 所示，F 即为 F 检验的统计量值，也就是检验的实际显著水平。

$$F = \frac{\sum (\hat{y} - \bar{y})^2/k}{\left(\dfrac{\sum (y - \hat{y})^2}{n}\right) - k - 1} = \frac{R^2/k}{\dfrac{1 - R^2}{n} - k - 1} \tag{7-11}$$

在根据给定的显著水平 a、自由度 $(k, n - k - 1)$ 查 F 分布表，得到相应的临界值 F_a，若 $F > F_a$，则回归方程具有显著意义，回归效果显著；若 $F < F_a$，则回归方程无显著意义，回归效果不显著。

在回归方程的显著性检验，即 F 检验结束后，需要对回归系数的显著性进行检验，即 t 检验。t 检验是分别检验回归模型中各个回归系数是否具有显著性，以便使模型中只保留那些对因变量

有显著影响的因素。统计量 t 的计算公式为

$$t_i = \frac{b_i}{s_y \sqrt{C_{ij}}} = \frac{b_i}{s_{bi}} \tag{7-12}$$

式中，C_{ij} 是多元线性回归方程中求解回归系数矩阵的逆矩阵 $(x'x)^{-1}$ 的主对角线上的第 j 个元素。对二元线性回归而言，可用式（7-13）计算：

$$C_{11} = \frac{S_{22}}{S_{11} S_{22} - S_{12}^2}, C_{22} = \frac{S_{11}}{S_{11} S_{22} - S_{12}^2} \tag{7-13}$$

式中：

$$S_{11} = \sum (x_1 - \overline{x_1})^2 = \sum x_1^2 - \frac{1}{n}\left(\sum x_1\right)^2 \tag{7-14}$$

$$S_{22} = \sum (x_2 - \overline{x_2})^2 = \sum x_2^2 - \frac{1}{n}\left(\sum x_2\right)^2 \tag{7-15}$$

$$S_{12} = \sum (x_1 - \overline{x_1})(x_2 - \overline{x_2}) = S_{21} \tag{7-16}$$

2. 预测模型构建与应用

由于在影响因素分析中已经进行了共线性检验，详见表 5-20，因此在本部分直接对共线性检验结果进行应用，不再进行阐述。针对本部分的研究，本书选用 SPSS 25.0 软件进行研究。

1）显著性检验。在将数据输入多元线性回归模型后，首先进行的是显著性检验，检验结果见表 7-1 和表 7-2。

表 7-1　模型基本情况

模型	R	R^2	调整后 R^2	标准估算的错误
1	0.595[a]⊖	0.354	0.306	19.29179%

⊖ "a" 为软件系统成表后自动产生的注释，表示 "再生公因子方差"。本章后面的表中出现的 "a" 也表示这个含义。

表 7-2 模型 ANOVA 表

模型	平方和	自由度	均方	F	显著性
回归	38591.806	14	2756.558	7.407	0.000^{b⊖}
残差	70340.706	189	372.173		
总计	108932.512	203			

尽管模型应用后的 R^2 不高,但由于本书数据是基于实际调研得出,并且研究目的是对现实情况的研究与预测,因此尽管 R^2 略低,拟合度较差强人意,但由于显著性极高,因此可以看出本模型对于预期的大概预测情况还是较为科学的。因此应当重点对相关系数进行研究,探寻用电量预测影响最大的因子,有这些因子对预期进行预测。

2) 相关系数检验。根据现有数据,在对数据进行数据清洗与数据标准化之后,将数据应用至多元线性回归模型,通过 SPSS 25.0 软件实现,得到相关系数表(在进行预测分析的时候,由于对数据集进行了再次的筛选和清洗,因此本模型得到的系数情况同第 5 章表 5-21 的数字有所不同,但相关性基本相同),见表 7-3。

对相关系数表进行分析,从未标准化系数看,使用习惯未标准化系数为 6.94,是系数最高的影响因素,与因变量呈正相关关系,其次是地理环境,未标准化系数为 -3.721,与因变量呈负相关关系,接下来排序为冬季气温、补贴政策普及情况、设备功率、

⊖ "b" 为软件系统成表后自动产生的注释,表示"将计算实测相关性与再生相关性之间的残差;存在 50 个(41.0%)绝对值 >0.05 的非冗余残差"。本章后面表格中出现的"b"也表示此含义。

电价种类、补贴情况、改造时间、生产总值、家庭年收入、电器价格、采暖面积、居住环境和原资源用量。

表7-3　相关系数表

	未标准化系数		标准化系数	显著性
	B	标准错误	Beta	
（常量）	14.270	13.739		0.300
电价种类	-2.108	1.002	-0.145	0.037
采暖面积	-0.051	0.019	-0.177	0.009
原资源用量	-0.015	0.034	-0.028	0.656
设备功率	-2.069	0.638	-0.250	0.001
电器价格	0.090	0.062	0.120	0.152
地理环境	-3.721	3.592	-0.074	0.301
居住环境	0.030	2.656	0.001	0.991
家庭年收入	-0.163	0.297	-0.037	0.584
改造时间	0.657	0.509	0.078	0.199
使用习惯	6.940	2.915	0.155	0.018
补贴政策普及情况	-2.986	6.002	-0.037	0.551
补贴情况	1.847	0.773	0.152	0.018
冬季气温	-3.248	0.673	-0.300	0.000
生产总值	0.171	0.104	0.117	0.103

但对系数进行标准化后，系数最高的系数是冬季气温，为 -0.300，同因变量呈负相关关系，其次是设备功率，系数为 -0.250，同因变量呈负相关关系，接下来是采暖面积、使用习惯、补贴情况、电价种类、电器价格、生产总值、改造时间、地理环境、家庭年收入、补贴政策普及情况、原资源用量和居住环境。

尽管从标准化系数上看，相关系数呈上述情况排序，但是从相关系数检验上看，居住环境显著性最低，其次是原资源用量、家庭年收入、补贴政策普及情况、地理环境、改造时间、电器价格和生产总值。

在统计学上，相关系数的显著性一般如果小于 0.05 则认为显著，在本书中，电价种类、采暖面积、设备功率、使用习惯、补贴情况与冬季气温的显著性都小于 0.05，因此这六个影响因素是满足模型本身假设，也就是可接受的结果。

基于以上的分析，最终得出 A 电力公司的清洁能源采暖用户用电量年度增长率预测模型，基于 2017 年 11 月至 2019 年 11 月用户月度用电量得出式（7-17）所示模型：

$$U_{\text{yearly}} = C - 0.3 \times X_1 - 0.25 \times X_2 - 0.177 \times X_3 + 0.155 \times X_4 +$$
$$0.152 \times X_5 - 0.145 \times X_6 + \varepsilon \tag{7-17}$$

式中，U_{yearly} 为用电量年度变化率；C 为常数，在本次模型构建中可取 14.270；X_1 为冬季气温值，单位为℃；X_2 为用户家庭所有设备功率之和，单位为 kW；X_3 为用户家庭采暖面积，单位为 m^2；X_4 为使用习惯，对应取值为 1，2，3，具体对应指标见第 5 章表 5-5；X_5 为补贴情况，对应取值为 0，1，2，4，7，8，具体对应指标见第 5 章表 5-5；X_6 为电价种类，对应取值为 0，1，2，4，具体对应指标见第 5 章表 5-5；ε 为随机误差。

7.1.2 预测结果分析

从预测模型可以看出，清洁能源用户采暖改造之后的年度售电量总体处于上升趋势，但是不同的影响因素对于预期用电量的年度变化率影响不同。

最主要的影响因素是冬季气温，冬季气温越高，用电量增长率也就越低，这符合现实情况，冬季气温越高，用户的采暖意愿便会降低，而冬季气温越低，用户的采暖意愿便会上升，该影响因素是客观发生的，因此在进行预测时，可采用气象局的预测数据进行分析。

其次是设备功率，在预测模型中，设备功率的相关系数为负数，因此设备功率同用电量增长率呈负相关关系，为了提高用电效率，在用电设备方面应该在用户承受范围内选取设备功率较小但制热量较高的设备，对制热效率高的设备进行宣传，有助于用户用电量的增加。

第三是用户采暖面积，由于这一点是由用户家庭实际情况决定的，在电力营销方面并不能过多地操作，因此不予分析。

第四是使用习惯，尽管在影响因素分析中，使用习惯同因变量呈负相关关系，但在预测模型中，由于数据集的优化，使用习惯同用电量增长率呈正相关关系，因此全天候使用习惯的用电量增长率高于夜间使用习惯，而白天使用的样本预期增长率最低。

第五是补贴情况，电力营销应加强免费赠送用电设备和电价补贴方面的宣传力度，因为从预测结果来看，增加这两项的宣传力度有助于增加用电量变化率。

最后是电价种类，由于采用电采暖电价的用电量年度变化率将高于其他电价措施，因此在营销中应当对电采暖电价进行宣传。

7.2　清洁能源用户需求侧管理预测

本节将进行清洁能源用户需求侧管理预测，主要从发电量、用电量和冬季最大负荷三个方面进行分析。

7.2.1 基于发电量的运行趋势分析

由于清洁能源用户采暖改造工作的展开，为了保障激增的用户用电需求，发电量也会有相关的增长程度，这里将采用一元线性回归模型进行简单预测。

首先从陕西省统计局获取 2010—2018 年全省发电量数据，如图 7-1 所示。

图 7-1　陕西省发电量折线图

从趋势上可看出，陕西省发电量整体呈上升趋势，后三年出现了较缓慢的增长，是因为发电量利用效率得到了提升，而不是用户用电需求减少。为了对预期年发电量情况进行预测，将这些数据应用一元线性回归模型进行简单预测。

表 7-4 与表 7-5 为模型摘要与检测值，该模型 R^2 为 0.940，拟合效果后的回归显著性小于 0.05，效果极为显著，因此模型具

有较强参考性。

表7-4 发电量预测模型摘要[b]

模型	R	R^2	调整后 R^2	标准估算的错误
1	0.973[a]	0.947	0.940	61.54004

表7-5 发电量预测模型 ANOVA[a]

模型	二次方和	自由度	均方	F	显著性
回归	476681.501	1	476681.501	125.867	0.000[b]
残差	26510.238	7	3787.177		
总计	503191.740	8			

表7-6为由发电量预测模型计算得出的变量。

表7-6 发电量预测模型

模型	未标准化系数		标准化系数	显著性
	B	标准错误	Beta	
（常量）	−177999.6 09	16000.8 11		0.000
年份	89.133	7.945	0.973	0.000

计算得出发电量预测模型公式（7-18）：

$$V = -177999.6 + 89.133 X_{year} \qquad (7\text{-}18)$$

式中，V 为发电量值，单位为亿 kW·h；X_{year} 为年份；误差值 ±40.144。

7.2.2 基于用电量的运行趋势分析

针对用电量的预测分析，由于用电量类别较多，本小节将主要针对全省总体用电量、城市居民用电以及乡村居民用电情况进行预测。预测模型采用一元线性回归预测模型进行简单预测。

首先从陕西省统计局获取 2010—2018 年全省用电量数据及城乡居民生活用电量数据，其折线图如图 7-2 和图 7-3 所示。

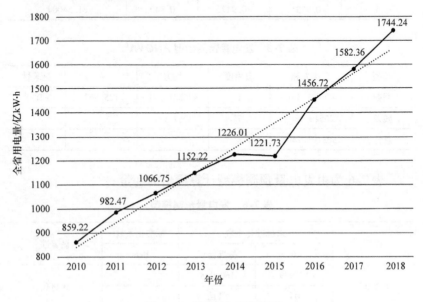

图 7-2　全省用电量折线图

从折线图可以看出，全省用电量处于上升状态，并且在 2016—2018 年间发生了较大幅度的上升，这与清洁能源采暖改造工作展开的时间相吻合，同时从城乡居民生活用电量折线图可以看出乡村居民用电在 2016 年之后的增长速度显著高于城市居民生活用电增长速度，这也与清洁能源采暖改造工作的展开密不可分。接下来将分别应用一元线性回归模型进行简单预测。

1. 全省用电量预测

表 7-7 与表 7-8 为模型摘要与检测值，该模型 R^2 为 0.953，

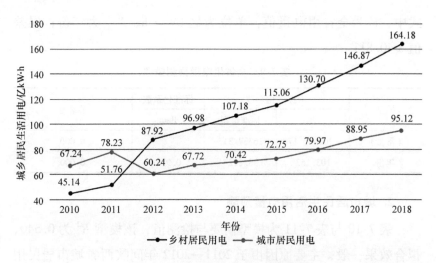

图7-3　城乡居民生活用电量折线图

拟合效果后的回归显著性小于0.05，效果极为显著，因此模型具有较强参考性。

表7-7　全省用电量预测模型摘要[b]

模型	R	R^2	调整后 R^2	标准估算的错误
1	0.979	0.959	0.953	62.83426

表7-8　全省用电量预测模型 ANOVA[a]

模型	二次方和	自由度	均方	F	显著性
回归	638436.611	1	638436.611	161.705	0.000
残差	27637.013	7	3948.145		
总计	666073.623	8			

表7-9为由全省用电量预测模型计算得出的变量。

计算得出全省用电量预测模型公式（7-19）：

$$V_T = -206496.178 + 103.153\, X_{year} \qquad (7\text{-}19)$$

197

式中，V_T为全省用电量值，单位为亿 kW·h；X_{year}为年份；误差值 ±40.811。

表7-9 全省用电量预测模型

模型	未标准化系数		标准化系数	显著性
	B	标准错误	Beta	
（常量）	-206496.178	16337.317		0.000
年份	103.153	8.112	0.979	0.000

2. 城市居民生活用电量预测

表7-10 与表7-11 为模型摘要与检测值，该模型 R^2 为 0.540，拟合效果一般，主要原因由于 2011—2012 年间陕西省城市居民用电出现了大幅度减少，而回归显著性小于 0.05，极为显著，因此模型具有较强参考性。

表7-10 城市居民生活用电量预测模型摘要[b]

模型	R	R^2	调整后 R^2	标准估算的错误
1	0.773	0.597	0.540	7.54033

表7-11 城市居民生活用电量预测模型 ANOVA[a]

模型	二次方和	自由度	均方	F	显著性
回归	590.132	1	590.132	10.379	0.015
残差	397.996	7	56.857		
总计	988.129	8			

表7-12 为由城市居民生活用电量预测模型计算得出的变量。

计算得出城市居民生活用电量预测模型公式（7-20）：

$$V_c = -6240.613 + 3.136 X_{year} \qquad (7-20)$$

式中，V_c为城市居民生活用电量值，单位为亿 kW·h；X_{year}为年份；误差值 ±3.952。

表 7-12　城市居民生活用电量预测模型

模型	未标准化系数		标准化系数	显著性
	B	标准错误	Beta	
（常量）	-6240.613	1960.535		0.015
年份	3.136	0.973	0.773	0.015

如图 7-4 所示，从陕西省城市人口变化结合城市人口用电量可以看出城市用电量的增长主要是基于人口数量的增长，因此城镇化进程的不断展开以及城市人口数量的增长将不断增加用电量的程度，对于电网的运行也在不断提出挑战。

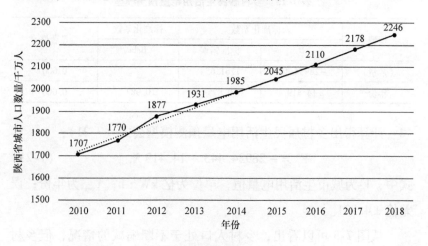

图 7-4　陕西省城市人口变化

3. 乡村居民生活用电量预测

表 7-13 与表 7-14 为模型摘要与检测值，该模型 R^2 为 0.971，拟合效果极佳，而回归显著性小于 0.05，极为显著，因此模型具有较强参考性。

表 7-13 乡村居民生活用电量预测模型摘要[b]

模型	R	R^2	调整后 R^2	标准估算的错误
1	0.987	0.975	0.971	6.77542

表 7-14 乡村居民生活用电量预测模型 ANOVA[a]

模型	二次方和	自由度	均方	F	显著性
回归	12474.165	1	12474.165	271.731	0.000
残差	321.345	7	46.906		
总计	12796.510	8			

表 7-15 为由乡村居民生活用电量预测模型计算得出的变量。

表 7-15 乡村居民生活用电量预测模型

模型	未标准化系数		标准化系数	显著性
	B	标准错误	Beta	
（常量）	−28934.443	1761.654		0.000
年份	14.419	0.875	0.987	0.000

计算得出乡村居民生活用电量预测模型公式（7-21）：

$$V_s = -28934.443 + 14.419 X_{year} \tag{7-21}$$

式中，V_s 为城市生活用电量值，单位为亿 kW·h；X_{year} 为年份；误差值 ±4.971。

从图 7-5 可以看出，乡村人口处于不断缩减的情况，但乡村居民的用电量却连年增长，从 2010—2018 年一直处于增长状态，这其中包括了农业现代化、村镇集中改造等原因。参见图 7-3，从 2016 年开始，乡村用电量的增长速度显著增大，斜率显著增大，而电力改革也是从 2015 年下发文件开始，电力改革以及现在的清洁能源用户采暖改造工作时间上与乡村居民用电量增长情况相吻合，因此可以得出清洁能源采暖改造工作将持续提升乡村居民的生活用电量，城市居民生活用电量与乡村居民生活用电量的同步提升对于未来电网的运行提出了新的挑战与机遇。

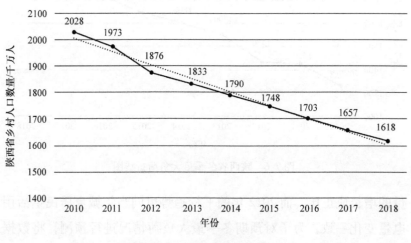

图 7-5 陕西省乡村人口变化

7.2.3 基于冬季最大负荷的运行趋势分析

从 7.2.2 小节的分析中可以看出由于清洁能源用户采暖改造工作的展开，无论是城市居民生活用电量还是乡村居民生活用电量都出现了一定程度的增长。电能用户规模的扩大除了对发电量的增长提出了不小的挑战之外，对于最大负荷也提出了新的要求，因此，本小节将对于电力公司运行的情况，从冬季最大负荷角度进行相关分析与预测。图 7-6 所示为陕西省历年冬季最大负荷，同样将采用一元线性回归方程进行简单分析预测。

从趋势上可看出，冬季最大负荷整体上呈上升趋势，与用电

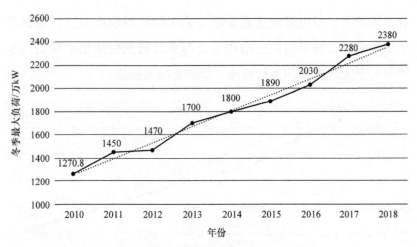

图7-6 陕西省冬季最大负荷折线图

量的增长成正比，而2012年的平行趋势也同当年城乡居民生活用电量变化一致，为了对预期冬季最大负荷情况进行预测，将数据应用一元线性回归模型进行简单预测。

表7-16与表7-17为模型摘要与检测值，该模型 R^2 为 0.982，拟合后的回归显著性小于 0.05，效果极为显著，因此模型具有较强参考性。

表7-16 冬季最大负荷预测模型摘要

模型	R	R^2	调整后 R^2	标准估算的错误
1	0.992	0.984	0.982	50.63564

表7-17 冬季最大负荷预测模型 ANOVA[a]

模型	二次方和	自由度	均方	F	显著性
回归	1130747.904	1	1130747.904	441.015	0.000
残差	17947.776	7	2563.968		
总计	1148696.680	8			

表 7-18 为冬季最大负荷预测模型计算得出的变量。

表 7-18　冬季最大负荷预测模型

模型	未标准化系数		标准化系数	显著性
	B	标准错误	Beta	
（常量）	−274674.053	13166.595		0.000
年份	137.280	6.537	0.992	0.000

计算得出冬季最大负荷预测模型公式（7-22）：

$$V_\mathrm{W} = -274674.053 + 137.280\,X_\mathrm{year} \tag{7-22}$$

式中，V_W 为冬季最大负荷值，单位为万 kW；X_year 为年份；误差值 ±32.608。

从分析中可以看出，尽管冬季最大负荷受到气温的影响，但从 2017 年开始出现了较大程度的增长，这与清洁能源用户采暖改造工作的展开情况相吻合，由于进行了大规模的改造，冬季最大负荷值往往是由于采暖行为所产生的，因此可以预见随着改造工作的推进，冬季最大负荷值还将不断上升，这对配套电网建设等过程提出了极大的挑战。

7.3　本章小结

本章采用理论分析法与统计分析法对 A 电力公司清洁能源用户用电趋势进行了分析与预测，首先构建了多元线性回归预测模型，通过 SPSS 25.0 软件最终提取出预期用电量变化的回归方程，并且对各影响因素变化的预期影响进行了分析，确定了冬季气温值、设备功率、采暖面积、使用情况、补贴情况与电价种类为关

键因素，在此基础上对预期售电量变化进行了预测分析。应用一
元线性回归方程对清洁能源用户采暖改造工作之后陕西省发电量，
全省用电量、城市居民生活用电量、乡村居民生活用电量以及冬
季最大负荷预期变化进行了预测分析，给出了预测模型公式，对
电网公司未来运行情况给出了预期，对清洁能源背景下用户管理
工作的预期发展情况有一定参考作用。

第8章

提升清洁能源用户管理效果的配套措施

A电力公司认真贯彻落实国家电网公司冬季清洁能源采暖的各项工作部署，不断推进清洁能源用户采暖改造工作，实现了数以万计的用户采暖方式改造。用户用电方式的转化，对于电力公司用户管理工作也提出了新的要求。通过对电力公司在清洁能源背景下用户管理工作的现状与公司所处环境进行分析，对管理的影响因素进行探究，对用户进行细分并预测其对电力公司未来运行情况的影响，本章将根据研究结果提出提升清洁能源用户管理效果的配套措施。

8.1 优化"确村确户"工作机制

尽管A电力公司全力推进并完成了2018年与2019年"确村确户"工作，但在工作推进中由于存在提供的用户信息不准确、重复和关键用电信息的缺失的问题，导致匹配工作很难及时、有效开展，这将导致随后的配套电网规划、建设难以对应具体用户，也对后期电费补贴发放和电网企业优质服务工作的有效开展造成不利影响。

在完成了清洁能源用户管理情况调研之后，确定了用户管理中不同影响因素的影响效果，针对当前"确村确户"工作中存在的问题，本章提出了三点完善措施：优化"确村确户"台账制度、严格"确村确户"完成质量和构建畅通的政企沟通平台。

8.1.1 优化"确村确户"台账制度

现行的"确村确户"工作主要内容包括用户编号、户主信息、所在地区、身份证号码、联系电话、改造时间、采暖设备、所属线路以及所属台区。但对于电力公司而言，仅仅从户号和用电量情况进行分析是远远不够的，在用户用电量预测中可以看出，设备功率、采暖面积等信息起到了关键性的作用，因此应当优化现有确村确户台账制度。

1. 丰富"确村确户"台账内容

在原有的"确村确户"台账中添加例如设备功率、采暖面积等相关信息，可以通过调查问卷的方式进行收集，由各地市级公司展开数据收集工作，并将信息汇总于"确村确户"台账中，最终汇总于省公司。该方式能够减轻"确村确户"难度，且能收集到相对有效的信息，相关数据对各地市级公司而言，还可用于进行用户行为相关研究。公司在进行"确村确户"的同时可将用户用电量预测数据进行收集，完善与电网规划、年度计划的衔接，并提供优化服务的现实基础。

2. 统一确村确户台账格式

当前的"确村确户"工作存在各地市收集信息类别不同的问

题，造成了不同地市级公司上报的数据表格不同、信息维度不同的问题，对"确村确户"的信息收集以及相关分析工作造成了极大的障碍。因此建议应当由省公司再次明确"确村确户"台账格式，避免后期工作量增大以及工作质量降低的问题。

8.1.2　严格"确村确户"完成质量

1. 明确"确村确户"工作质量标准

目前各地市级公司完成的"确村确户"工作存在零度户、不走表户处理办法不同的现象，导致信息出现维度差异、信息标准不同、信息注水与造假现象发生，因此应当由省公司明确确村确户工作质量完成标准。例如明确各类别内容详细程度、类别数目等相关问题，避免出现标准不同导致的信息失效现象的发生。

2. 建立各地市自行审查制度

由于工作标准不明确等问题会导致后续工作的展开缺乏真实的用户信息基础，为避免该现象的发生，应当建立各地市审查制度，出现数据注水与造假现象由各地市公司自行处理，自行审查来提升工作质量。

3. 建立明确的奖惩制度

针对较高质量完成"确村确户"的公司与个人，电力公司应当给予一定的奖励，同时针对完成质量较低的公司或个人进行一定惩罚，以此加强各地市公司的自我审查主动性和力度，进一步推进"确村确户"工作保质保量完成。

8.1.3　构建畅通的政企沟通平台

"确村确户"工作展开的流程是先由各地市政府在全省散煤治

理平台中上报改造计划和用户信息，然后由省发改委将名单信息提供给电网公司，接下来由电网公司把名单中的用户与用电户号进行匹配，确定用户所在用电区域、用电容量，最后对应开展配套电网建设，完成供电保障工作。但由于政府所掌握的信息同电力公司的信息存在很多差异，用户信息存在的各种问题对"确村确户"的顺利进行造成了不小的阻碍。若是构建畅通的沟通平台，可在下发任务前同政府机构进行一定程度的信息共享，有利于提升政府下发任务的效率与质量，有利于提升电力公司响应速度与工作效率。

8.2　完善电采暖推广模式

8.2.1　电采暖设备配置标准

现有的电采暖设备配置标准是依据设备情况而定或采用集中统一配置，在对影响清洁能源采暖用户的影响情况分析之后，提出了三点配置原则。

1. 根据采暖面积推广电采暖

根据数据分析结果，对于用户而言，设备功率随采暖面积呈缓慢上升趋势，即采暖面积较低的用户倾向于采用设备功率较低的采暖设备，而采暖面积较大的用户则倾向于采用设备功率较高的采暖设备，这与以往的情况基本符合。

但由于采暖面积与用户用电量增长率负相关，设备功率与用户用电量增长也呈负相关关系（详细分析过程见第 7 章），说明采暖面积较大的用户，其对用电量以及设备功率等敏感度较低，而采暖面积小的用户对于用电量以及设备功率敏感度较高。

因此，在电采暖设备配置与推广中，可以重点对采暖面积较小的用户进行推广，向此类用户推荐设备功率较低的电采暖设备，具体有以下三点建议。

1）对于采暖面积在 $50m^2$ 以下的用户，着重推广设备功率在 $2 \sim 3kW$ 的采暖设备。

2）对于采暖面积在 $50 \sim 100m^2$ 之间的用户，可着重推荐 $3 \sim 7kW$ 的采暖设备。

3）对于采暖面积在 $100m^2$ 以上的用户，由于其对设备功率并不敏感，因此着重推荐新型采暖设备起到试点作用。

2. 根据家庭年收入推广电采暖

对于用户而言，家庭年收入与设备功率存在关联性，低收入家庭的分布程度较集中，而中高收入家庭的分布程度较分散，可以说明低收入家庭对于设备功率较为敏感，而中高收入家庭对于设备功率相对不敏感。

但由于家庭年收入同用户用电量增长呈负相关关系，因此应当将电采暖推广重点放在低收入家庭提升用电量，中高收入家庭采暖设备转变，具体有以下两点建议。

1）对于低收入家庭着重推广 $2 \sim 3kW$ 的电采暖设备。

2）对于中高收入家庭着重推广新型采暖设备。

3. 电器种类与设备功率选择

图 8-1 所示为用户使用电器种类占比图，从图中可以看出，大部分用户还是在使用较为传统的电采暖方式，使用空调器的用

户占了 29.2%，使用热风机的用户占了 14%，使用空调器与电热毯的用户占了 8.3%，使用直热式电暖器的用户占了 8.7%。

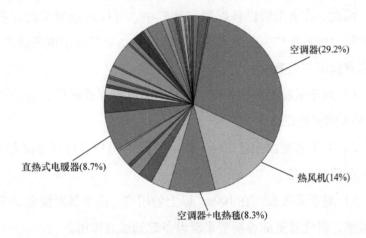

图 8-1　用户使用电器种类占比

采用以上四种采暖方式的用户超过 60%，因此在新采暖方式的推广上，还有很大的市场需要推广。

而据测算，采用蓄热式电采暖技术可以充分享受居民峰谷电价政策，采暖平均电价可降至 0.3483 元/kW·h（一天运行 12h，其中峰段运行 2.4h，谷段运行 9.6h）。空气源热泵在同样采暖效果下用电量更少，可减少用户运行成本 24.21%。因此现在应当对用户加大新技术的宣传。

8.2.2　电采暖直接交易政策

目前，《陕西省 2019 年下半年电力直接交易实施方案》（陕发改运行〔2019〕180 号）中已经提出了以下政策要求。

1）规范化、简约化开展电力直接交易。

2）电力交易平台为市场主体提供可靠服务。

3）保障发电企业最小运行方式所需电量。

4）鼓励各市场主体适度竞争。

5）交易周期内合作方相对固定。

6）严格按照规定的交易时间开展申报工作。

7）电力直接交易电量优先结算。

8）做好全面放开经营性行业发用电计划前期准备工作。

根据清洁能源采暖用户分析等情况，对现有直接交易政策提出以下建议。

1）市场主体：扩充市场主体，学习北京直接交易经验，鼓励居民用户参加直接交易，可制定清洁能源采暖用户居民直接交易市场准入条件，如月用电量达到一定标准即可参加直接交易。

2）发电企业：原本的电力直接交易建立在工商业用户、政企用户与发电企业之间，未来随着电采暖居民用户的介入，可以考虑对发电企业进行分类，分别保障居民用户与其他用户。

3）交易周期：采暖季，即每年 11 月—次年 3 月，若遇到极端气候条件则可适当缩短或延长交易时间。

4）交易规则：对采暖改造工作中表现较好的用户进行优先直接交易奖励，鼓励用户积极展开采暖改造工作。

5）保障措施：严格挑选交易用户，确保用户使用稳定性，确保交易持续性，严格按照规定进行直接交易。

8.3 优化清洁能源采暖用户惠民政策

目前政府对于清洁能源用户采暖改造工作的运行推出了不少

补贴政策，例如一次性财政补贴、一次性购置补贴、电价补贴和锅炉拆除补贴等，部分地区还有免费领取电采暖设备等补贴政策，通过对用户使用情况进行调研，包括用户满意度情况等问题的收集和相关因素影响程度分析，本节提出了基于用户需求的补贴政策。

8.3.1 清洁能源用户采暖改造及运行补贴政策

1. 加强电采暖电价推广

A 电力公司现行的电价政策包括阶梯电价、峰谷电价和电采暖电价，对于工业用户还有其他电价（例如电锅炉电价等）政策，由于本书的重点在于居民用户，因此重点在于前三种电价。

在本书第 5 章与第 7 章中，得到电价类型与用户用电量增长呈负相关关系，而在第 5 章字符变量对应表（见表 5-5）中可以看到，指标是按电采暖电价、峰谷电价与阶梯电价的顺序增长的，考虑到负相关关系，则说明电采暖电价是用户用电量增长率较高的采用的电价类型。

从调查情况可以看出，改造积极性较低的用户群体在电价类型上主要采用的还是基本的阶梯电价，和电力公司推出的电采暖电价、峰谷电价和电锅炉电价等电价政策相比，这类用户并不愿接纳新型的电价政策，主要是因为在经济上并不宽裕和对其他电价政策不了解，导致没有使用更加优惠的电采暖电价等政策。基于以上分析，本书提出以下建议。

1）对清洁能源采暖用户加强电采暖电价政策的宣传力度，向用户说明电采暖电价的基本内容，让用户了解到电采暖电价即在原有阶梯电价基础上针对采暖季提出的优惠电价政策，旨在鼓励用户使用电采暖满足采暖需求。

2）提供主动办理电采暖电价的服务措施，向用户展示电采暖电价与其他电价政策的区别。由于用户对于电价类型并不是很了解，且主要关心的内容是电价类型带来的费用变动问题，企业需要对各类电价的电费消耗进行可视化且科学的展示，并且通过多种途径将这种比较结果传递给用户，可在小范围内展开试点工作，对不同电价类型进行直观的对比吸引用户主动了解不同电价类型，进一步提升用户对于电能替代工作的接纳程度。

3）积极推进"户表改造"，据调查，目前仍有不在少数的电力用户由于尚未进行"户表改造"而无法采用"电采暖电价"。

2. 优化相关补贴措施

在前文中已经提到，陕西省现行的补贴措施种类众多，如西安市对于居民用户实行的补贴措施如下。

1）对实施居民家庭采暖改造的用户，购买电取暖设备费用给予一次性财政补贴，补贴比例为费用总额 60%，每户最高补贴 3000 元，不足部分由居民自行承担。单个采暖产品购置价低于 100 元的不予补贴。

2）对于购置电采暖设备并签订清洁能源用户采暖改造合约（协议）承诺书的城乡居民，在首个供暖季结束后，依据供暖期电费缴费凭证按照 0.25 元/kW·h 一次性给予财政补贴，补贴金额最高不超过 1000 元。安装了峰谷分时计量表的居民同时享受峰谷电价补贴。

3）在部分地区在具体实行期间推出了免费发放电采暖设备等

措施。

通过对各补贴措施和用户用电量增长的调研，根据用户用电量以及调研数据进行了相关性分析，发现补贴措施对于用户用电量年度增长率呈正相关关系，而根据字符变量对应表（见表5-5）可看出指标按照一次性购置补贴、电价补贴、免费领取采暖设备这样的顺序增长，因此提出以下建议。

1）调整补贴方式，对部分采暖面积小的中低收入家庭，可将补贴转换为免费发放采暖设备，同时根据用电量进行一定量的电价补贴。建议开展用户电采暖设备使用意愿调查，研究该类用户在电采暖设备的使用上有哪些喜爱的类型、品牌、功率与功能，在完成研究之后建立新型电采暖设备发放措施，给用户提供更多的选择空间，提升用户对于免费发放的设备的满意度，最终实现用户使用时长的提升。

2）对一次性补贴措施进行优化，用户对于一次性购置补贴满意度较低，可适当提高补贴金额或转换为电价补贴或其他补贴政策。从调查结果可以看出，"积极用户"对于各类补贴政策的响应并不是很强烈，相比电价补贴和免费发放设备而言，这类用户更偏向于选择心仪的电采暖设备且对于电价的敏感程度较低，一次性购置补贴作为最便捷的方式也更加吸引该类用户的采用。

3）在优化一次性购置补贴的具体操作上，可以在原有基础上对于新型的采暖设备有更加倾斜的补贴措施，吸引用户使用新型的采暖设备，同时降低对于能耗较高以及污染较重的采暖设备的一次性购置补贴，刺激用户购买新型采暖设备，并将更多的补贴金额投放给改造积极性不足的居民用户。

4）打通补贴发放途径，相当数量的用户反映其对于清洁能源用户采暖改造不满意的地方在于补贴发放不及时，且存在补贴途径不明朗等问题，因此需要就补贴下发途径进行优化。

3. 推广新型采暖方式补贴

从前文的分析中可以看出，超过60%的清洁能源采暖用户依旧选择空调器，热风机，电热毯，直热式电暖器这些传统的采暖设备，功耗低，制热量大且运行成本较低的新型设备依然较少人使用，因此提出以下相关建议。

1）提高蓄热式和空气源热泵建设补贴标准，引导用户采用新技术降低成本。蓄热式电暖器按设备价格的80%补贴，上限0.4万元/户；空气源热泵按设备价格的84%补贴，上限0.5万元/户。

2）按运行成本最高的直热式电采暖确定清洁能源采暖用户运行补贴标准。清洁能源采暖用户补贴0.25元/kW·h，采暖季运行补贴上限为1200元，确保大部分清洁能源采暖用户采暖成本基本不增加。

大力推进蓄热式电采暖技术应用。对农村居民大力推广蓄热式电暖器，对部队、学校、医院、机关及企事业单位推广蓄热式电锅炉。

8.3.2　房屋节能保温补贴政策

目前我国政府已经出台了房屋节能保温相关补贴政策，主要面向长江中下游农村用户，补助资金将综合考虑不同地区经济发展水平、改造内容、改造实施进度、节能及改善热舒适性效果等因素进行计算，并将考虑技术进步与产业发展等情况以便逐年进行调整。补助标准具体计算公式为：某地区应分配补助资金额 = 所在地区补助基准 × $\sum$（单项改造内容面积 × 对应的单项改造权重）。

但陕西省目前尚未出台相关政策，因此可以借鉴其他省市补贴政策，建议汲取浙江省宁波市经验，提出以下几点建议。

1）补贴金额参照其他省市 15 ~ 25 元/m²，且不超过 5000 元/户，以政府补贴60%，个人出资40%进行补贴。

2）同相关村委或相关组织合作进行成片改造，减少建设成本。

3）明确补贴下发途径并告知用户，避免用户不满情绪出现。

8.4 提供电采暖营销优质服务

由于目前清洁能源采暖用户中大部分的用户仍然选择较为传统的电采暖设备，并且清洁能源用户采暖改造工作的展开使用户的采暖习惯和常用采暖设备发生了剧烈的改变，因此本节提出了三点营销服务建议，来保障清洁能源用户采暖改造工作保质保量展开。

8.4.1 加强电采暖宣传力度

由于部分用户对于价格较为敏感，且使用习惯较为传统，对于持续性用电的电采暖接纳度较低，传统的燃煤和燃烧秸秆等取暖方式都是属于明火取暖，能量转换单一，且能源的消耗过程是肉眼可见的，因此他们对于电采暖这种新型的能源转换方式以及持续性的电价消耗接纳程度较低。针对这种情况，提出了提高电采暖宣传力度相关建议。

提高电采暖宣传力度，就要针对"保守用户"从电采暖制热原理、电采暖消费金额以及采暖设备使用周期的角度进行科学且全面的介绍。现有的宣传工作依然需要用户主动去进行了解，或者是用户被动进行改造，这些用户从心理上并未接受电采暖，可以采用社交媒体营销、主动宣传以及试点推广等方式来向这些用户主动推广电采暖；同各地方政府进行合作，通过开展有奖问答或公益讲座等方式来向居住在乡村的居民进行科普工作，深度介绍电采暖的可行性；可以对个别用户进行先试用后决定的试点方式，让用户在没有经济压力的情况下先对电采暖进行试用，了解之后进行更进一步的营销以及改造工作，并且通过试点试用工作来实现以点到面的辐射作用。

在线下可在营业厅树立相关宣传展板，联合设备厂家在抖音、快手、拼多多等下沉市场用户较集中的新媒体平台进行电采暖宣传，提升用户对于电采暖设备的使用意愿。组织进社区进乡村宣传与福利发放活动，宣传新型电采暖设备和清洁能源用户采暖改造工作，与线下电器经销商合作，展开优惠活动等措施。

8.4.2 构建电采暖主动服务机制

对已完成改造的电采暖用户，提供主动上门的服务，对用户的用电设备进行安全用电巡查，宣传冬季使用电采暖知识、安全用电守则、节约用电技巧等知识。对尚未完成改造的用户，可提供上门答疑解惑服务，增强其用电意愿，有助于该类用户转化为

"大型用户"。

8.4.3 优化电采暖绿色通道

目前陕西省不少地市级公司开通了电采暖绿色通道，要求窗口人员熟记电采暖常见问题应答，以便熟练解答用户疑问，减少用户等待时间。由专人负责代替用户与供暖单位沟通，全程对电采暖业务进行催办督办，协调各部门工作时间，避免流程产生不必要的卡顿。在受理电采暖业务后，派相关人员到现场进行勘察，严格执行"一证受理"工作制度，并收取用户剩余资料。

针对目前仍存在的流程状况不透明所导致用户出现不满意情绪等现象，建议对于用户侧建立实时反馈机制，如以公众号或短信形式进行办理进度即时查询与反馈等措施。

8.5 增强电能用户管理体系差异化

8.5.1 "大型用户"管理对策与建议

"大型用户"用电量高，用电习惯良好，用户数量较少。对于这类用户，用电量增长空间不大，应当着重提高用电满意度来培养用户忠诚度，并利用"大型用户"的高配合度进行新政策的推广。由此提出了打造专属的尊贵服务、提供主动故障维修、优化用户应急用电体验与推广新型采暖设备四种服务优化策略。

1. 打造专属的尊贵服务

打造专属的尊贵服务的目的是为了提升"大型用户"的用电

满意度，这类用户在用户规模上不大但其消费水平和在群体中的影响作用却相当可观，对这类用户提供尊贵服务可以使其感受到更高层次的享受，给予用户心理上的满足感。尊贵服务的打造主要包括配备"大型用户"经理、定期回访并发放赠品、开通专属的用户服务通道。

配备"大型用户"经理，"大型用户"经理是指专门负责"大型用户"用户服务的专业人员，该类用户人数较少，因此"大用户"经理负责的用户要做到少而精，尽量达到一户一服务或十户一服务这样的服务水平。用户遇到的所有问题都可以直接与用户经理进行沟通，将现有的电力市场"1 + N"的模式应用至细分市场中，减少以前用户办理业务时多个部门跑多趟的形式，由用户经理联系相关部门对用户需求进行响应。

定期回访并发放赠品，主要是针对"大型用户"经理，要求用户经理要定期对用户进行回访，对用电表现较好的用户可以定期开展回馈活动，例如返电费、赠送设备或者赠送其他礼品，通过回馈活动让用户感受到其享受的专属服务，满足用户心理需求的同时提升用户对于电力公司的信任。

开通专属的用户服务通道主要是指对 95598 热线与线下营业厅的服务模式进行优化，开通"大型用户"专属的用户通道，并设置一系列的配套服务，例如排队不用等、政策优先享、"家庭驿站"服务等。排队不用等即在线上或线下的服务过程中，优先处理"大型用户"事务，优先解决"大型用户"问题；政策优先享是指对于政府和电网公司下发的与用户相关的政策，首先通知"大型用户"，让这类用户优先享用，既提升了用户满意度，又可以通过对"大型用户"相关政策的执行进行修订并扩散到中小型用户;"家庭驿站"服务是指在营业厅配备"大型用户"的一系列服务措施,如用户就算不用办理业务,经过营业厅时也可以进入营业厅休息,并提供饮品、雨伞、充电宝等服务,让用户充分感受到作为"大型用户"的优越性。

2. 提供主动故障维修

提供主动故障维修主要是从三个方面提供服务:故障预先检测、主动上门服务和维修后评估。故障预先检测是指从电力公司运检部门运行数据出发,定期对其运行情况进行检测,设立风险预警,若出现停电或故障风险,主动与用户取得联系,告知其可能出现的风险,并提供解决方案供用户选择;主动上门服务在目前的电力企业用户管理中是指对于故障检修的主动上门服务,对于"大型用户"而言,可以对用户进行故障检修的基础上提供上门收费、上门发放赠品等服务;维修后评估是指对于故障维修服务,不仅要做到风险预警通知、主动服务,还需要就服务情况咨询用户的意见,根据用户意见优化服务方式,并通过收集意见的同时收集其他相关信息,以便电力公司勾勒用户画像。

3. 优化用户应急用电体验

优化用户应急用电体验主要是对"大型用户"提供延长电费缴纳时间服务以及提供应急供电保障措施。延长电费缴纳时间是指对于"大型用户"而言,当用户没有预存电费时并不会立即停电,而是继续供电,延长用户缴纳时间。目前运行的政策是对于电费用完的用户第一次有 $10kW \cdot h$ 的保存电量让用户应急,同时敦促用户尽快缴纳电费,对于"大型用户"可以将保存的应急电量提高，考虑到该类用户数量较小，提高应急电量对于电网运行的影响并不大，所以可以采用这种方式来满足用户应急时刻用电。应急供电保障措施是指准备一部分的应急发电设备、应急采暖设备和应急降温设备，当出现供电故障时可以根据用户的需求提供相应的设备来保障用户在故障期间的用电，该种方式主要针对"大型用户"中用电规模较大的用户，由于该种方式耗费的人力物力过多，用户在使用时可以收取相应的使用费用，但"大型用户"还是享有优先使用权，以此来提高用户满意度。

4. 推广新型采暖设备

推广新型采暖设备是指对"大型用户"推广蓄热式电采暖与空气源电采暖，针对"大型用户"的营销重点应该放在新型采暖设备的推广上，这也就要求电力企业首先要对蓄热式电采暖与空气源电采暖这样的新型采暖设备的可行性进行科学的验证，并邀请少量用户免费试用，以确保新型采暖设备的市场接纳程度达到大规模推广要求。新型设备的初始市场价格一般都会有溢价现象产生，考虑到这种现象以及用户对清洁能源采暖的接纳程度，选择首先对"大型用户"推广，在这些用户群中形成良好的使用口碑，之后辐射到其他类型用户。

"大型用户"由于用电行为良好，用电量高，对于补贴政策的要求并不高，对于煤改电的接受程度较高。为了推广新型电采暖设备，应进一步优化电力行业能源结构。

建议制定新型采暖设备试用政策，政府机构同采暖设备生产厂家与电力公司合作，鼓励"大型用户"试用如蓄热式电采暖与空气源电采暖等新型采暖设备，这也就要求电力企业在进行可行性验证的基础上，并提供例如服务提升、专属经理等激励措施来提升该类型用户对于政策的响应程度。

8.5.2 "中型用户"管理对策与建议

"中型用户"用电量居中，已培养出一定的用电习惯，用户数量大于"大型用户"而小于"小型用户"，这类用户有一定的用电量增长空间，在服务中应当着重挖掘用户痛点，解决阻碍用户使用电能设备的问题，促进用电量的增长，提高用户满意度，最终能够实现"中型用户"向"大型用户"的转化。由此提出了提供采暖设备指导服务、配备相应的客服通道与主动收集用户反馈意见三种服务优化策略。

1. 提供采暖设备指导服务

提供采暖设备指导服务是指对"中型用户"开展设备指导服务，包括设备使用方法、设备能耗讲解以及设备推荐等服务。从细分结果中可以看出"中型用户"尽管培养出了一定的电器设备使用习惯，但在冬季的用电量增长并不如夏季那样可观，这也说明该类用户对于电采暖设备还是存在一定程度的不信任。首先，展开一定规模的调查，确定用户对于采暖设备存在的疑惑点，之后通过电话、社交媒体以及上门服务向用户提供采暖设备指导服务；然后根据用户对采暖设备存在的问题编制采暖设备指导手册，详细解释说明采暖设备的工作原理与使用方法，并且可以包含对用户用电需求的测试，用户只需完成简单的测试就可以给收到一系列的采暖设备推荐。

2. 配备相应的客服通道

配备相应的客服通道是指在线上和线下营业厅中设置专业的

"中型用户"经理，"中型用户"经理是专门负责接待"中型用户"的工作人员，该人员的选择需要考虑其对"中型用户"的了解情况，同时还要了解各部门业务流程以便为用户提供专业且迅速的用户服务。由于"中型用户"的人口数量处于中等水平，"中型用户"经理的服务对象可以选择一对一片区或一对一人负责相近用电量等级的用户。通过"中型用户"经理的设置，在为用户提供专业且迅速的服务同时提升用户的用电满意度，促使用户对电器设备的使用。线上开通"中型用户"客服通道，用户拨打95598 就可以直接进入"中型用户"的专属的客服通道。

3. 主动收集用户反馈意见

主动收集用户反馈意见是指通过电话咨询、调查问卷或开展清洁能源采暖宣传会，同用户展开面对面的直接交谈，主动邀请用户对电采暖的普及提出相关意见。根据用户意见优化服务后可对用户进行跟踪服务，持续关注用户的使用体验，来进一步优化用户服务管理。

尽管"中型用户"的用电量低于"大型用户"，且尚未培养出如"大型用户"那样完善的用电行为，但两类用户相似的是对于补贴政策的要求都不高，同时对于清洁能源采暖的接受程度都较高。考虑到"中型用户"也已形成为了一定的高温季采暖季用电习惯，由于"中型用户"在经济上并不如"大型用户"富裕，因此可以着重推荐运行成本较低的低功率新型采暖设备。

8.5.3　"小型用户"管理对策与建议

"小型用户"用电量在三类用户中最低，高温季与采暖季的用电习惯基本没有培养出来，同时对于价格极其敏感。对于这类用户而言，用电量增长空间较大，用户规模庞大，应当着重吸引用户采用电采暖设备，优化补贴政策来促进用电量的增长。由此提出了完善用户服务通道、加强冬季电采暖宣传、推广制热效率高的采暖设备以及优化补贴政策四种服务优化策略。

1. 完善用户服务通道

完善用户服务通道是指构建"小型用户"服务体系，首先应通过对线上用户与营业厅人员进行专业培训，使这些工作人员掌握"小型用户"的基本用户特点，制定符合该类型用户的服务手册；然后是设置"小型用户"用户经理，考虑到该类型用户数量庞大，需求繁杂，应当从原有的客服中心中分离出一部分人员形成用户经理班子为"小型用户"提供差异化的服务；再有，对电话客服展开专业化的培训，使他们了解该类型用户的基本特点来提供更优质的服务。

2. 加强冬季电采暖宣传力度

加强冬季电采暖宣传力度，主要是针对"小型用户"的宣传，尽管这些用户已经完成清洁能源采暖改造，但其尚未形成冬季电采暖的使用习惯，所以对该类用户仍然有电采暖宣传的必要。宣传的重点可以放在电采暖的经济性与制热效率上，向该类用户说明电采暖并不会大幅增加用户的电费压力，合理的利用不仅可以提供较高的制热效率，运行成本相比原本的燃煤采暖等传统采暖方式甚至有所降低，并采用直观的数字向用户说明使用成本。大力宣传补贴政策，向用户展示例如电价政策这样的运行补贴，降低用户心理压力，促使用户形成良好的用电习惯。

3. 推广制热效率高的采暖设备

推广制热效率高的采暖设备的对象主要是"小型用户"，该类用户对价格的敏感性使得他们偏向于选择价格更低廉的采暖设备，但在缺乏专业指导的条件下，该类用户往往会由于过分追求低廉的价格导致买到制热效率较低的设备，从而影响用户的使用体验。因此，本条建议可以同本章 8.2.1 节提出的建议共同执行，在之前的基础上添加不同价位设备的功率与制热量比较，为用户推荐制热效率较高的采暖设备，以提升用户的使用体验来提升用户用电量。同时还可以对蓄热式电采暖进行推广，向用户展示蓄热式电采暖可以在相同的耗电量情况下维持更长时间的放热效果，吸引用户采用更新颖节能的采暖设备。

4. 优化补贴政策

现行的补贴政策种类繁多，且补贴力度大小不一，这对于"小型用户"而言，了解门槛较高，该类用户本身就对清洁能源采暖信任度不高，因此尽管补贴力度不小，但用户采用意愿并不强烈，这也导致该类用户在补贴政策的选择上更倾向于"免费领取设备"。针对该情况，提出了简化补贴政策、优化补贴设备选择和打通补贴下放途径三条建议。

1）简化补贴政策是指对现有的补贴政策进行简化，减少用户面对烦琐的政策选择时出现的不满情绪，降低用户的选择难度，同时补贴政策应尽量简单明了，重点突出该补贴政策的经济效益，以明确的金额向用户展示该政策的补贴力度，同时同其他政策进行对比，方便用户进行比较选择。

2）优化补贴设备选择是指对于免费发放采暖设备与一次性购

置补贴而言，对补贴的采暖设备的类型和品种进行优化，通过对用户进行调查，补贴政策向更适合用户的采暖设备倾斜，向更清洁和制热效率更高的设备倾斜，同时也可以向蓄热式电采暖与空气源电采暖倾斜。

3）打通补贴下放途径是指向用户明确补贴下放的方式、方法、步骤和渠道，提升补贴下放速度。目前有不少用户反映相关补贴下放渠道不畅通，补贴下放不及时，这种现象的产生会极大地打击用户实现清洁能源采暖的改造意愿，也不利于用户用电习惯的培养。打通补贴下放途径需要电力企业与各个机构合作，比如同政府机构、设备生产厂家达成一致，由此来提升用户满意度。

8.6　本章小结

本章基于前文的研究，为 A 电力公司提出了具备操作意义的清洁能源背景下提升电能用户管理体效果的优化建议，包括优化"确村确户"工作机制、完善电采暖推广模式、优化清洁能源采暖用户惠民政策、提供电采暖营销优质服务以及增强电力用户管理体系差异化的优化建议，在扎实的理论基础加持下，本章提出的用户管理优化建议将有效提升清洁能源用户采暖改造工作的运行效率，提高清洁能源用户采暖改造工作实施效果，提高用户管理工作效率与用户对于用户管理工作的满意度，预期可以减少电能用户管理工作中的人力物力资源浪费并提升资源利用效率，助力清洁能源背景下电能用户管理体系创新研究的有效落地。

第9章

总　　结

本书立足于清洁能源背景下的电能用户管理体系创新研究，结合国内清洁能源采暖推广政策与清洁能源背景下电能用户管理的发展情况，旨在对 A 电力公司 2018 年实施的 19.2 万户清洁能源采暖用户进行调研和分析，提出具备实施价值的研究结果，指导电力公司清洁能源采暖用户的用户管理工作，主要包括电力公司用户管理现状分析、公司所处环境分析、深入用户的用户管理情况调研、用户管理影响因素分析、用户细分、清洁能源用户对电力公司运行情况的分析与预测，并提出提高用户管理效果的对策与建议。

为了深入研究清洁能源用户采暖改造工作对公司用户管理工作带来的影响，本书首先选择了 A 电力公司为研究对象，采用理论分析法、文献研究法、专家座谈法与标杆研究法对 A 电力公司清洁能源用户管理现状进行了分析，包括清洁能源采暖用户管理宏观环境与微观环境分析；随后进行了 A 电力公司清洁能源采暖用户管理情况分析，对清洁能源用户采暖改造工作规模、用户用电量情况、电价办理与执行情况，配套电网建设投资运行情况与运行应急保障情况进行了详细分析，为后续工作的展开提供了现实基础。

电能用户管理创新研究的核心是从用户中来，到用户中去，研究的核心不能脱离用户，为准确把握用户对于清洁能源采暖的需求以及用户对于现行的用户管理工作的满意程度，本书采用问卷调查法、理论研究法与描述性统计分析法，对采用清洁能源采暖的电能用户管理情况进行调研，并对调研情况、用户投资运行成本与相关电价进行了分析，从理论与公司现实层面上分析清洁能源用户采暖改造工作情况，最终从供给侧提出了电网投资收益倒挂、"确村确户"工作待优化、供电可靠性、业扩规则限制电采暖推广与配套支持政策尚待完善等问题；同时从用户侧提出了清洁能源用户采暖改造工作目前存在的问题，包括农村保暖改造之后，经济因素降低用户替代意愿，清洁能源采暖用户对设备了解不足与政策执行力不足的问题。至此，本书从公司侧与用户侧的充分分析中得到了目前清洁能源用户采暖改造工作以及用户管理工作所存在的问题，针对用户用能的分析与预测提供了扎实的现实基础，也为后续研究确定了研究方向。

接着，本书采用统计分析的方法，通过因子分析对 A 电力公司清洁能源采暖用户用能意愿的影响因素进行分析，选取了陕西省西安市、咸阳市、渭南市、宝鸡市和铜川市 995 户清洁能源采暖用户进行研究，提出了科学性、可度量性、全面性、典型性以及独立性的影响因素提取原则，初步确定了 19 个影响因素，之后通过数据预处理之后采用因子分析的方法，使用 SPSS 25.0 软件确定了 14 个关键因素，包括电器价格、设备功率、原资源用量、冬季气温、生产总值、居住环境、使用习惯、改造时间、补贴政策普及情况、补贴情况、家庭年收入、采暖面积、地理环境和电价种类，影响程度依序减弱。影响因素的明确，为 A 电力公司用户管理工作提供了清晰的改进方向，可减少用户管理工作中的资源浪费情况，提升工作效率。

随着清洁能源采暖改造工作的开展，用户管理工作也产生了随着用户用电行为改变而进行对应改变的必要性。为把握改造后用户用电行为与用能情况的变化，本书通过营销系统抽取方式收集 A 电力公司的煤改电标签用户用电量数据，通过数据清理、数据标准化与数据转换等方式进行数据预处理，构建清洁能源用户细分模型，并进行模型应用，从清洁能源采暖用户的用户价值维度将用户划分为"大型用户""中型用户"与"小型用户"三类，并分别介绍了各细分用户特点并确定其影响因素，为提高电力公司电力用户管理效果的配套措施建议的编制提供了科学依据。

清洁能源用户采暖改造工作目前仍在进行中，但电能用户管理工作仍然处在传统电能用户管理模式过渡阶段，在完成了清洁能源采暖用户用能意愿的影响因素分析与清洁能源采暖用户细分之后，本书对清洁能源采暖用户对 A 电力公司运行情况的影响进行了预测。首先构建了多元线性回归预测模型，通过 SPSS 25.0 软件最终提取出预期用电量变化的回归方程，并且对各影响因素变化的预期影响进行了分析，确定了冬季气温、设备功率、采暖面积、使用情况、补贴情况与电价种类为关键因素，在此基础上对预期售电量变化进行了预测分析。应用一元线性回归方程对清洁能源用户采暖改造工作之后陕西省发电量、全省用电量、城市居民生活用电量、乡村居民生活用电量以及冬季最大负荷预期变化进行了预测分析，对电网公司预期运行情况进行了分析，对清洁能源背景下用户管理工作的未来发展有一定参考作用。

通过对电力公司在清洁能源背景下用户管理工作的现状与公司所处环境进行分析，对清洁能源用户管理的影响因素进行探究，对清洁能源用户进行细分并预测其对电力公司未来运行情况的影响，本书根据研究结果提出以下五点提升清洁能源用户管理效果的配套措施。

一是优化"确村确户"工作机制。包括优化"确村确户"台账制度，主要是丰富确村确户台账内容和统一确村确户台账格式；严格"确村确户"完成质量，主要是明确确村确户工作质量标准、建立各地市自行审查制度、建立明确的奖惩制度；构建畅通的政企沟通平台。

二是完善电采暖推广模式。包括明确电采暖设备配置标准，主要是根据采暖面积、家庭年收入推广电采暖；优化电采暖直接交易政策，主要是开放市场主体购电选择权、优化电力用户与发电企业的匹配模式、增强市场主体的市场意识、推进电力直接交易组织以及推进售电公司与发电企业双方让利。

三是优化清洁能源采暖用户惠民政策。包括优化清洁能源用户采暖改造工作及运行补贴政策，主要是加强电采暖电价推广、完善相关补贴措施以及推广新型采暖方式补贴；优化房屋节能保温补贴政策。

四是提供电采暖营销优质服务。包括加强电采暖宣传力度；构建电采暖主动服务；优化电采暖绿色通道。

五是增强电能用户管理体系差异化。根据用户细分结果，分别提出针对"大型用户""中型用户"以及"小型用户"的用户管理优化建议。

本书从理论分析出发，通过对清洁能源背景下电力公司用户管理现状进行分析，通过用户调研收集需求侧信息，提出用户管理工作影响因素，对清洁能源用户进行细分研究，预测清洁能源用户对电力公司运行情况的影响，并提出提升用户管理效果的对策与建议，最终完成本书全部内容。

参 考 文 献

［1］ World Health Organization. WHO Air quality guidelines 2005 ［J］. International Journal of Life Cycle Assessment, 2018, 10 （2）: 116.

［2］ 李健超. 陕西地理 ［M］. 西安: 陕西人民出版社, 1984.

［3］ DAI Q, BI X, SONG W, et al. Residential coal combustion as a source of primary sulfate in Xi′an, China ［J］. Atmospheric Environment, Elsevier, 2019, 196: 66 - 76.

［4］ 汪然. 雾霾污染导致的居民健康损害成本估算研究 ［D］. 无锡: 江南大学, 2019.

［5］ 史秀霞. 城市雾霾污染经济损失风险智能评估模型研究 ［J］. 环境科学与管理, 2019, 44 （11）: 180 - 184.

［6］ 王建英, 陈珂, 刘洋, 等. 北方城市冬季采暖期对环境空气质量的影响 ［J］. 当代化工研究, 2017 （08）: 142 - 143.

［7］ 夏剑锋. 对北京 "煤改电" 的思考 ［J］. 供热制冷, 2018 （09）: 56.

［8］ GRIFFIN J M, GREGORY P R. An Intercountry Translog Model of Energy Substitution Responses ［J］. American Economic Review, 1976, 66 （5）: 845 - 857.

［9］ HAYHOE K, KHESHGI H S, JAIN A K, et al. Substitution of natural gas for coal: Climatic effects of utility sector emissions ［J］. Climatic Change, 2002, 54 （1 - 2）: 107 - 139.

［10］ AMAGAI H. Environmental implications of fuel substitution and thermal efficiency. A case study of Japan′s electricity sector ［J］. Energy Policy, 1991, 19 （1）: 57 - 62.

［11］ MASJUKI H H, MAHLIA T M I, CHOUDHURY I A, et al. Potential CO_2 reduction by fuel substitution to generate electricity in Malaysia ［J］. Energy Conversion and Management, 2002, 43 (6): 763 -770.

[12] BELLO M O, SOLARIN S A, YEN Y Y. Hydropower and potential for interfuel substitution: The case of electricity sector in Malaysia [J]. Energy, Elsevier Ltd, 2018, 151: 966 -983.

[13] INIYAN S, SUGANTHI L, SAMUEL A A. Energy models for commercial energy prediction and substitution of renewable energy sources [J]. Energy Policy, 2006, 34 (17): 2640 -2653.

[14] KEMFERT C. The European electricity and climate policy - Complement or substitute? [J]. Environment and Planning C: Government and Policy, 2007, 25 (1): 115 -130.

[15] KRAFT J, KRAFT A. On the relationship between energy and GNP [J]. Journal of Energy and Development, 1978 (3): 401 -403.

[16] LARIVIERE I, LAFRANCE G. Modelling the electricity consumption of cities: effect of urban density [J]. Energy Economics, 1999, 21 (1): 53 -66.

[17] NARAYAN P K, SMYTH R. There's identical demand for electricity in Australia: anapplication of the bounds testing approach to cointegration [J]. Energy policy, 2005, 33 (4): 467 -474.

[18] SON H, KIM C. Short - term forecasting of electricity demand for the residential sector using weather and social variables [J]. Resources, Conservation & Recycling, 2016 (123).

[19] SUMER K K, GOKTAS O, HEPSAG A. The application of seasonal latent variable in forecasting electricity demand as an alternative method [J]. Energy policy, 2009, 37 (4): 1371 -1322.

[20] TAYLOR J W, DEMENEZES L M, MCSHARRY P E. A comparison of univariate methods for forecasting electricity demands up to a day ahead [J]. International Journal of Forecasting, 2006, 22 (1): 1 -16.

[21] CHEN Z, ZHANG D, JIANG H, et al. Environmental benefits evaluation of

coal – to – electricity project in Beijing, China [J]. Environmental Science and Pollution Research, 2020.

[22] ZHENG P, ZHU L, LU W, et al. The effects of electricity substitution in Fujian: based on microdata survey [J]. Environment, Development and Sustainability, 2020.

[23] ZHAO X, CAI Q, ZHANG S, et al. The substitution of wind power for coal – fired power to realize China's CO_2 emissions reduction targets in 2020 and 2030 [J]. Energy, 2017, 120 (2017): 164 – 178.

[24] LIN B, ANKRAH I. Renewable energy (electricity) development in Ghana: Observations, concerns, substitution possibilities, and implications for the economy. [J]. Journal of Cleaner Production, 2019 (233): 1396 – 1409.

[25] CAI H, NAN Y, ZHAO Y, et al. Impacts of winter heating on the atmospheric pollution of northern China's prefectural cities: Evidence from a regression discontinuity design [J]. Ecological Indicators, 2020, 118 (4).

[26] SHUXUE X, YUEYUE W, JIANHUI N, et al. 'Coal – to – electricity' project is ongoing in north China [J]. Energy, 2020 (191).

[27] 袁新润, 吴亮, 张剑, 等. 天津电能替代形势与电采暖经济性分析 [J]. 电力需求侧管理, 2015, 17 (05): 24 – 29.

[28] NIU D, SONG Z, XIAO X. Electric power substitution for coal in China: Status quo and SWOT analysis [J]. Renewable and Sustainable Energy Reviews, 2017, 70 (11): 610 – 622.

[29] 吴迪, 胡斌, 王如竹, 等. 我国空气源热泵供热现状、技术及政策 [J]. 制冷技术, 2017, 37 (5): 1 – 7.

[30] 乐慧, 李好玥, 江亿. 用空气源热泵实现农村采暖的"煤改电"同时为电力削峰填谷 [J]. 中国能源, 2016, 38 (11): 9 – 15.

[31] 马涛, 庞莉, 胡国斌. 空气源热泵在北京市农村"煤改电"中的经济效益分析 [J]. 农电管理, 2018, (1): 33 – 34.

［32］ 张丽，李正涛，余鹏，等. 空气源热泵热水器的性能分析 ［J］. 能源工程，2018，（1）：77 – 80.

［33］ 侯德席，张健，王曼莉. 蓄热式电供暖技术经济性分析 ［J］. 煤气与热力，2010，30（10）：21 – 23.

［34］ 柴立龙，马承伟，张义，等. 北京地区温室地源热泵供暖能耗及经济性分析 ［J］. 农业工程学报，2010，26（3）：249 – 254.

［35］ 王春兰，徐诚，徐刚，等. 京津冀地区天然气和热泵替代燃煤供暖研究 ［J］. 中国环境科学，2017，37（11）：4363 – 4370.

［36］ WU J, TAN Z, DE G, et al. Multiple scenarios forecast of electric power substitution potential in China：From perspective of green and sustainable development ［J］. Processes, 2019, 7（9）：1 – 21.

［37］ ZHANG Y, LI W, WU F. Does energy transition improve air quality? Evidence derived from China's Winter Clean Heating Pilot（WCHP）project ［J］. Energy, 2020, 206.

［38］ WANG Z, LI C, CUI C, et al. Cleaner heating choices in northern rural China：Household factors and the dual substitution policy ［J］. Journal of Environmental Management, 2019, 249（3）.

［39］ HAN S, ZHANG B, SUN X, et al. China's energy transition in the power and transport sectors from a substitution perspective ［J］. Energies, 2017, 10（5）.

［40］ WANG Y, WANG S, SONG F, et al. Study on the forecast model of electricity substitution potential in Beijing – Tianjin – Hebei region considering the impact of electricity substitution policies ［J］. Energy Policy, 2020, 144（6）.

［41］ 蒋金荷，姚愉芳. 中国经济增长与电力发展关系的定量分析研究 ［J］. 数量经济技术经济研究，2002（10）：5 – 10.

［42］ 林伯强. 电力消费与中国经济增长：基于生产函数的研究 ［J］. 管理世界，2003（11）：18 – 27.

[43] 王文青. 全面小康社会目标下河北农村电力消费研究 [D]. 保定：华北电力大学，2005.

[44] 汪建均，胡宗义. ARMA 模型在我国电力需求预测中的应用 [J]. 经济数学，2006（01）：64－68.

[45] 王庆露，葛虹. 基于协整理论和干预分析的中国电力需求预测 [J]. 数理统计与管理，2007（05）：753－758.

[46] 何晓萍，刘希颖，林艳苹. 中国城市化进程中的电力需求预测 [J]. 经济研究，2009，44（01）：118－130.

[47] 牟敦果，林伯强. 中国经济增长、电力消费和煤炭价格相互影响的时变参数研究 [J]. 金融研究，2012（06）：42－53.

[48] 杨泽众，严守靖，晏斌. 基于灰色关联分析和 BP 神经网络的用电量预测 [J]. 价值工程，2018，37（35）：30－33.